耳を鍛えて合格！

HSK 5級
リスニングドリル

李増吉 編

SANSHUSHA

Copyright© 2012 by Beijing Language and Culture University Press
All rights reserved.
Japan copyright© 2015 by Sanshusha Publishing Co., Ltd.
Japanese language edition arranged with Beijing Language
and Culture University Press through Japan UNI Agency, Inc., Tokyo

はじめに

　新HSKとは、中国国家漢語国際推進事務室が中国国内外の中国語教育、言語学、心理学及び教育測定学などの領域の専門家を集め、海外における中国語教育の実情を充分に調査・分析した上で、一般の中国語学習者と中国語専攻学習者、そして中国における中国語学習者および中国外における中国語学習者の差異も考慮し、旧HSKの特長を活かしつつ、近年の国際言語測定試験に関する最新研究成果も取り入れた『国際中国語能力標準』に基づいて作成された国際中国語能力標準化試験です。中国語を母国語としない中国語学習者の生活面、学習面及び仕事面における中国語のコミュニケーション能力を測ることに重点を置いています。

　私たちがこの問題集を作成したのは、本書による学習を通じて、受験者の皆さんが新HSK（5級）試験の聴解部分の問題形式・試験時間及び試験のポイントを理解して、この分野における時間配分や問題のコツなど実際の試験感覚を短期間で養うようにするためです。

　本書の編集にあたり、私たちは中国国家漢語国際推進事務室/孔子学院本部が編纂した新HSK（5級）要項、サンプル問題、単語表をよく検討し、さらにサンプル問題中の単語表にない単語についても統計を行い、試験問題の難易度をより正確に把握して、模擬問題をより実際の問題に近づけました。編集の過程で、私たちは何度も改良を重ね、最良の問題を選び、試験のポイントを明らかにしました。

　本書で使用した問題の多くは新聞や雑誌から抜粋したもので、試験問題の特徴に基づき、修正を加えました。原文作者の方に、心からお礼申し上げます。

編者

原著『跨越新HSK 听力专项训练(五级)』より
＊本書はHSKの試験作成に長年携わってきた北京語言大学出版社の『跨越新HSK 听力专项训练(五级)』の日本語版です。

本書の特徴

●模擬試験を5回分
試験と同じ形式のリスニング部分の模擬試験を5回分収録しています。

●リスニング問題の音声はMP3音声ファイルで収録
付属CD-ROMの音声は、MP3音声ファイルです。

音楽CDではないので、パソコンなどMP3ファイルに対応可能な機器をご利用ください。

なお、ファイルは各部単位で分かれています。

目　次

第1回

問題 …………………………………………………… 10
　　第一部　🎧 0101 ……………………………… 10
　　第二部　🎧 0102 ……………………………… 12

解答とスクリプト ……………………………………… 16
　　第一部 ………………………………………… 16
　　第二部 ………………………………………… 28

第2回

問題 …………………………………………………… 48
　　第一部　🎧 0201 ……………………………… 48
　　第二部　🎧 0202 ……………………………… 50

解答とスクリプト ……………………………………… 54
　　第一部 ………………………………………… 54
　　第二部 ………………………………………… 66

第3回

問題 …………………………………………………… 86
　　第一部　🎧 0301 ……………………………… 86
　　第二部　🎧 0302 ……………………………… 88

解答とスクリプト ……………………………………… 92
　　第一部 ………………………………………… 92
　　第二部 ………………………………………… 104

目 次

第4回

問題 ･･･ 124
　　　第一部　🎧 0401 ････････････････････････ 124
　　　第二部　🎧 0402 ････････････････････････ 126

解答とスクリプト ･････････････････････････････････････ 130
　　　第一部･･ 130
　　　第二部･･ 142

第5回

問題 ･･･ 162
　　　第一部　🎧 0501 ････････････････････････ 162
　　　第二部　🎧 0502 ････････････････････････ 164

解答とスクリプト ･････････････････････････････････････ 168
　　　第一部･･ 168
　　　第二部･･ 180

解答用紙･･ 199

試験概要

HSK5級は、受験生の日常中国語の応用能力を判定するテストです。「中国語の新聞や雑誌が読めるだけでなく、中国の映画やテレビも観賞でき、さらに、中国語でスピーチすることができる」ことが求められます。

●学習目安
主に週2～4回の授業を2年間以上習い、2,500語程度の常用単語を習得している者を対象としています。

●点数と評価
聞き取り、読解、作文の配点はそれぞれ100点、合計300点で評価されます。
※5級では、成績証に合否は表記されず、獲得スコアのみ表記されます。
　（2013年試験より合否の表記がなくなりました）

●試験概要
5級の試験は聞き取り、読解はマークシート方式、作文は記述式の問題となっています。試験は、説明が中国語および日本語で行われ、聞き取りの放送は全て中国語で行われます。

試験概要

●試験内容

■聞き取り:約30分間(放送回数1回)

パート	形式	問題内容	問題数
第1部分	会話の内容に関する問題	2人の短い会話とその内容に関する問いが放送される。問いの答えとして正しいものを4つの選択肢の中から選ぶ。	20題
第2部分	会話や文の内容に関する問題	まとまった長さの会話や問題文と、その内容に関する問いが放送される。問いの答えとして正しいものを4つの選択肢から選ぶ。	25題

■読解:45分

パート	形式	問題内容	問題数
第1部分	空所補充問題	文中の空所部分に、4つの選択肢から適切な単語を1つ補い、意味の通る文を作る。	15題
第2部分	文の内容に関する問題	短文が与えられており、その内容と一致するものを4つの選択肢から選ぶ。	10題
第3部分	長文読解問題	長文とその内容に関する複数の問いが与えられており、問いの答えとして正しいものをそれぞれ4つの選択肢から選ぶ。	20題

■作文:40分

パート	形式	問題内容	問題数
第1部分	語句の並べ替え問題	与えられた複数の語句を並び替えて正しい中国語文を作る。	8題
第2部分	作文問題	①単語が与えられ、その単語を使って80字程度の中国語文を作る。 ②写真が与えられ、80字程度で写真に関する中国語文を作る。	各1題

・試験開始の前に、解答用紙に個人情報を記入する時間が5分間与えられます。
・聞き取りの試験終了後に、解答用紙に記入する時間が予備として5分間与えられます。

第1回

（一）听　力

第 一 部 分

第1-20题：请选出正确答案。

1. A 演出很精彩　　　　　　B 演出没意思
   C 昨天没睡觉　　　　　　D 不知道演出内容

2. A 比以前能吃了　　　　　B 不锻炼身体了
   C 常吃肉菜瓜果　　　　　D 吃了很多好东西

3. A 算错了　　　　　　　　B 电话费涨价了
   C 经常打长途电话　　　　D 女的打电话时间长

4. A 不去了　　　　　　　　B 雨要停了
   C 雨小了再去　　　　　　D 下大雨也要去

5. A 一定去　　　　　　　　B 等等再去
   C 可以不去　　　　　　　D 有事去不了

6. A 医生　　　　　　　　　B 教师
   C 司机　　　　　　　　　D 警察

7. A 小王现在不在家　　　　B 女的和小王是邻居
   C 现在别人住在这儿　　　D 女的不知道小王搬家了

8. A 男的长得漂亮　　　　　B 男的岁数太大
   C 男的可以办公司　　　　D 男的不能顺利辞职

9. A 是女的说的　　　　　　B 不是老张说的
   C 肯定是老张说的　　　　D 不知道是谁说的

10. A 学习计划　　　　　　　B 工作单位
    C 工作态度　　　　　　　D 应聘条件

11. A 不会办事　　　　　　　B 办事很慢
    C 办事干脆　　　　　　　D 办事马虎

12. A 谦虚　　　　　　　　　B 骄傲
    C 无奈　　　　　　　　　D 得意

13. A 当然可以 B 现在不行
    C 以后再说 D 等会儿修改

14. A 完全同意 B 无奈地同意了
    C 别人改变了观点 D 不知道别人的观点

15. A 按时上课 B 按时起床
    C 早睡早起 D 晚睡晚起

16. A 不关心孩子 B 不喜欢孩子
    C 不会安排时间 D 学习时很专心

17. A 他是医生 B 他是厨师
    C 他十分健康 D 他刚做了手术

18. A 男的和米丽娅是老同学 B 女的和米丽娅是老同学
    C 男的常送给米丽娅礼物 D 米丽娅常送给男的礼物

19. A 排球 B 足球
    C 游泳 D 乒乓球

20. A 女的告诉了小王 B 男的告诉了小王
    C 不知道谁告诉了小王 D 女的怀疑男的告诉了小王

第二部分

第21-45题：请选出正确答案。

21. A 男的住在女的家里　　　　B 男的和女的是夫妻
    C 女的住在男的家里　　　　D 男的和女的是一家人

22. A 汉语好学　　　　　　　　B 汉语难学
    C 学汉语很苦　　　　　　　D 学汉语要努力

23. A 女的没吃饭　　　　　　　B 女的不想来
    C 两人同时到　　　　　　　D 男的来得早

24. A 南京　　　　　　　　　　B 苏州
    C 杭州　　　　　　　　　　D 北京

25. A 修车师傅　　　　　　　　B 交通警察
    C 飞机驾驶员　　　　　　　D 出租车司机

26. A 口语　　　　　　　　　　B 听力
    C 翻译　　　　　　　　　　D 作文

27. A 买不起车　　　　　　　　B 养车太贵
    C 不喜欢车　　　　　　　　D 不会开车

28. A 女的丢了钱包　　　　　　B 男的钱包找到了
    C 男的捡到了钱包　　　　　D 女的钱包找到了

29. A 餐厅　　　　　　　　　　B 超市
    C 宾馆　　　　　　　　　　D 机场

30. A 女的是老师　　　　　　　B 学生来看男的
    C 男的没有假期　　　　　　D 男的收到了鲜花

31. A 医院　　　　　　　　　　B 学校
    C 商店　　　　　　　　　　D 旅馆

32. A 看病 B 取药
    C 看朋友 D 照顾妈妈

33. A 容易失眠 B 味道太苦
    C 容易过敏 D 容易长胖

34. A 茶水 B 果汁
    C 咖啡 D 啤酒

35. A 治头晕 B 治眼花
    C 治中暑 D 什么病都不治

36. A 多吃药 B 多喝水
    C 多休息 D 多吃饭

37. A 上海 B 北京
    C 天津 D 重庆

38. A 价钱便宜 B 保健防病
    C 容易买到 D 香甜可口

39. A 朋友生病了 B 想念朋友了
    C 朋友请他喝酒 D 朋友请他聊天

40. A 喝了太多酒 B 喝酒后受了风寒
    C 怀疑自己喝了蛇 D 朋友们逼他喝酒

41. A 墙上的蛇爬进酒杯里 B 弓上刻的蛇映到酒杯里
    C 桌子上的蛇爬进酒杯里 D 房顶上的蛇掉进酒杯里

42. A 想让朋友品尝好酒 B 帮朋友治好疑心病
    C 让朋友看他养的蛇 D 庆祝朋友恢复了健康

43. A 颜色鲜艳的　　　　　　　B 样子漂亮的
    C 货架最里面的　　　　　　D 货架最外面的

44. A 最大的　　　　　　　　　B 最新鲜的
    C 货架最里面的　　　　　　D 暴露在光线下的

45. A 更新鲜　　　　　　　　　B 更便宜
    C 更有营养　　　　　　　　D 保质期更长

第1回

第1回　第一部分　問題 P.10　0101.mp3

放送内容
大家好！欢迎参加HSK（五级）考试。
大家好！欢迎参加HSK（五级）考试。
大家好！欢迎参加HSK（五级）考试。
HSK（五级）听力考试分两部分，共45题。
请大家注意，听力考试现在开始。

和訳
こんにちは。HSK5級テストへようこそ。
こんにちは。HSK5級テストへようこそ。
こんにちは。HSK5級テストへようこそ。
HSK(5級)聴解試験は2部分あり、合計45問です。
ただ今から聴解試験を始めます。注意して聞いてください。

放送内容
第一部分
第1到20题，请选出正确答案。现在开始第1题：

和訳
第1部分
問1～問20について、正しい答えを選んでください。ただ今から問1を始めます。

問題用紙
第1-20题：请选出正确答案。

和訳
問1～問20：正しい答えを選んでください。

01 正解 [B]

選択肢　A　演出很精彩　　　　B　演出没意思
　　　　C　昨天没睡觉　　　　D　不知道演出内容

和　訳　A　公演は素晴らしかった　　B　公演はつまらなかった
　　　　C　昨日は寝ていない　　　　D　公演内容は知らない

放送内容
女：昨天的演出挺好看的吧？
男：好看什么呀？我都快睡着了。
问：男的是什么意思？

和訳
女：昨日の公演はよかったよね？
男：どこが？　僕はずっと眠たかったよ。
問：男性の言葉の意味は何ですか？

02 正解 [B]

選択肢　A　比以前能吃了
　　　　B　不锻炼身体了
　　　　C　常吃肉菜瓜果
　　　　D　吃了很多好东西

和　訳　A　以前よりは食べるから
　　　　B　体を鍛えなくなったから
　　　　C　よく肉・野菜・果物を食べるから
　　　　D　たくさんのいいものを食べたから

放送内容
男：你最近可是发福了，吃了什么好东西呀？
女：我能吃什么好东西？还不是每天的那些肉菜瓜果，只不过这一段时间不出去运动了。
问：女的为什么发福了？

和訳
男：君、最近太ったね、何かいいものを食べているの？
女：いいものを食べているかって？　毎日、肉・野菜・果物しか食べていないよ。ただ最近外で運動してないだけよ。
問：女性はどうして太ったのですか？

03 正解 [D]

選択肢　A　算错了
　　　　B　电话费涨价了
　　　　C　经常打长途电话
　　　　D　女的打电话时间长

和　訳　A　計算間違いだから
　　　　B　電話代が上がったから
　　　　C　よく長距離電話をしているから
　　　　D　女性の電話時間が長かったから

放送内容
女：是不是算错了？咱们家这个月没打几次长途电话啊，怎么电话费这么多？
男：长途是没打几个，可你一拿起电话就没完没了。
问：这个月的电话费为什么多？

和訳
女：何かの間違えでしょう？　私たちは今月そんなに長距離電話をしなかったのに、どうして電話代がこんなに高いの？
男：確かに長距離電話はしていないけど、君は電話をすると話が長くなり、なかなか終わらないだろ。
問：今月の電話代はどうして高いのですか？

04 正解 [D]

選択肢　A　不去了
　　　　B　雨要停了
　　　　C　雨小了再去
　　　　D　下大雨也要去

和　訳　A　行かなくなった
　　　　B　もうすぐ雨がやむ
　　　　C　小ぶりになってから行く
　　　　D　大雨でも行く

放送内容
男：雨越下越大，你换个时间再去吧。
女：不管下多大的雨，我都得去，因为这是昨天商量好的事呀！
问：女的是什么意思？

和訳
男：雨がだんだん強くなってきたので、今行かなくてもいいのでは？
女：たとえ大雨であろうと、私は行かなければなりません、これは昨日約束した事ですから！
問：女性の言葉の意味は何ですか？

| 05 | 正 解 [A] |

選択肢　A　一定去
　　　　B　等等再去
　　　　C　可以不去
　　　　D　有事去不了

和　訳　A　必ず行く
　　　　B　しばらくしてから行く
　　　　C　行かなくてもいい
　　　　D　用事で行けない

放送内容
女：你要是不去的话，我也不去。
男：没事我能不去吗？
问：男的是什么意思？

和訳
女：もしあなたが行かないのであれば、私も行かない。
男：用事がない限り、僕は絶対行くよ。
問：男性の言葉の意味は何ですか？

| 06 | 正 解 [A] |

選択肢　A　医生
　　　　B　教师
　　　　C　司机
　　　　D　警察

和　訳　A　医師
　　　　B　教師
　　　　C　運転手
　　　　D　警察

放送内容
男：这种药一天吃三次，一次一片。一周后再来找我，看是否需要继续治疗。
女：好的，谢谢你。
问：男的最可能是做什么的？

和訳
男：この薬を1日3回、1回につき1錠飲んでください。1週間後に来院して治療を継続するかどうかを判断しましょう。
女：分かりました。ありがとうございます。
問：男性の仕事は何だと思われますか？

07 正解 [D]

選択肢　A　小王现在不在家
　　　　B　女的和小王是邻居
　　　　C　现在别人住在这儿
　　　　D　女的不知道小王搬家了

和　訳　A　王さんは今家にいない
　　　　B　女性と王さんは近所
　　　　C　今ここにはほかの人が住んでいる
　　　　D　女性は王さんが転居したのを知らなかった

放送内容
女：先生，我来找小王，可敲了半天门，怎么没人开呢?
男：小王上星期就搬走了，现在这儿没人住。
问：根据对话，可以知道什么?

和訳
女：すみません、私は王さんに用があるのですが、長い時間ノックしても、人がいないような気が?
男：王さんは先週転居しましたよ。だから今は誰も住んでいません。
問：この会話から分かることは何ですか?

08 正解 [D]

選択肢　A　男的长得漂亮
　　　　B　男的岁数太大
　　　　C　男的可以办公司
　　　　D　男的不能顺利辞职

和　訳　A　男性はハンサムである
　　　　B　男性は高齢である
　　　　C　男性は起業できる
　　　　D　男性はすんなり辞められない

放送内容
男：我打算自己办个公司，不想在学校教书了。
女：你是咱们学校有名的年轻教授，校长是不会同意你走的，还是死了这条心吧。
问：女的是什么意思?

和訳
男：僕は会社を立ち上げるつもりなので、もう学校で働きたくない。
女：あなたは私たちの学校で有名な青年教授よ！　学長はあなたが辞めることを絶対に認めないでしょうから、あきらめた方がいいよ。
問：女性の言葉の意味は何ですか?

09 正 解 [C]

選択肢　A　是女的说的
　　　　B　不是老张说的
　　　　C　肯定是老张说的
　　　　D　不知道是谁说的

和　訳　A　女性が言った
　　　　B　張さんは言っていない
　　　　C　張さんが言ったに違いない
　　　　D　誰が言ったか分からない

放送内容
女：老张说这话不是他说的。
男：我亲耳听到的，不是他说的是谁说的？
问：男的是什么意思？

和訳
女：張さんは、この話は自分で言ったのではないと言いました。
男：私ははっきり聞いたのですよ。彼でなかったら誰が言ったというのですか？
問：男性の言葉の意味は何ですか？

10 正 解 [D]

選択肢　A　学习计划
　　　　B　工作单位
　　　　C　工作态度
　　　　D　应聘条件

和　訳　A　学習計画
　　　　B　職場
　　　　C　仕事態度
　　　　D　応募条件

放送内容
男：你跑了这么多天，找到工作了吗？
女：哪有那么容易呀？我现在才知道要想找到理想的工作，光有文凭不行，还得懂外语、会电脑。
问：女的在谈论什么？

和訳
男：君はこの何日もいろいろなところへ駆けずり回っているね、仕事は見つかった？
女：そんなに簡単に見つからないわ。今分かったことは理想的な仕事を得るには、学歴だけではダメで、外国語やコンピューターができなきゃいけないってことね。
問：女性は何について話していますか？

21

11 正 解 [C]

選択肢　A　不会办事
　　　　B　办事很慢
　　　　C　办事干脆
　　　　D　办事马虎

和　訳　A　事の処理がうまくない
　　　　B　やることが遅い
　　　　C　てきぱきやる
　　　　D　やることがいいかげんである

放送内容
女：你了解小王这个人吗？
男：了解，他办事很干脆，行就是行，不行就是不行。只要他答应你的事，一定会办到。
问：关于小王，下列哪项正确？

和訳
女：あなた王さんって方、知っている？
男：知っているよ。彼はてきぱきやる。できるものはできる、できないものはできない、とね。彼が承諾したのならば、必ずするよ。
問：王さんについて、以下どれが正しいですか？

12 正 解 [A]

選択肢　A　谦虚
　　　　B　骄傲
　　　　C　无奈
　　　　D　得意

和　訳　A　謙虚
　　　　B　傲慢
　　　　C　どうしようもない
　　　　D　鼻が高い

放送内容
男：你都成了中国通了。
女：哪里，虽然我对中国有点儿了解，但还算不上中国通。
问：女的是什么语气？

和訳
男：君はもう中国通だね。
女：まだまだよ。確かに少しばかり中国に詳しくなったけど、しかしまだ中国通とはいえないわ。
問：女性はどういった口ぶりですか？

13 正 解 [A]

選択肢　A　当然可以
　　　　B　现在不行
　　　　C　以后再说
　　　　D　等会儿修改

和　訳　A　当然できる
　　　　B　今はできない
　　　　C　後で決める
　　　　D　しばらくして修正する

放送内容
女：李老师，我准备了一篇发言稿，您能不能帮我修改修改？
男：这有什么不能的？
问：男的是什么意思？

和訳
女：李先生、発表する原稿を用意してきました。修正すべき個所のご指摘をお願いできないでしょうか？
男：できないことなんてないよ。
問：男性の言葉の意味は何ですか？

14 正 解 [B]

選択肢　A　完全同意
　　　　B　无奈地同意了
　　　　C　别人改变了观点
　　　　D　不知道别人的观点

和　訳　A　大賛成
　　　　B　仕方なく賛成した
　　　　C　ほかの人が観点を変えた
　　　　D　ほかの人の観点は知らない

放送内容
男：你明明不同意他的观点，为什么还要说同意呢？
女：我在当时那种情况下只能这么说。
问：女的是什么意思？

和訳
男：君は明らかに彼の観点に賛成していないのに、どうして賛成すると言ったの？
女：当時の状況から、そう言わざるを得なかったわけよ。
問：女性の言葉の意味は何ですか？

15　正解 [D]

選択肢　A　按时上课
　　　　B　按时起床
　　　　C　早睡早起
　　　　D　晚睡晚起

和　訳　A　時間どおりに学校へ行く
　　　　B　時間どおりに起きる
　　　　C　早寝早起き
　　　　D　遅寝遅起き

放送内容
女：怎么样？最近还是老样子吗？
男：半年来，我每天都按时起床，按时上课，改变了过去晚睡晚起的习惯。
问：根据对话，"老样子"是指什么？

和訳
女：最近どう？　あいかわらず昔のまま？
男：この半年、僕は毎日時間どおりに起きて、時間どおりに学校へ行って、過去の遅寝遅起きの習慣を改めたんだ。
問：この会話から、「昔のまま」とは何を指していますか？

16　正解 [D]

選択肢　A　不关心孩子
　　　　B　不喜欢孩子
　　　　C　不会安排时间
　　　　D　学习时很专心

和　訳　A　子供に関心がない
　　　　B　子供が好きではない
　　　　C　時間の使い方が上手ではない
　　　　D　学習に専念している

放送内容
男：王老师很会安排时间。上班之前，半小时看报，半小时学专业，下班之后，还要学习外语和计算机。
女：听说他学习的时候，连他孩子也不准打搅他。
问：关于王老师，下列哪项正确？

和訳
男：王先生は時間の使い方が上手だ。通勤前に新聞を30分読み、また専門の勉強も30分する。仕事が終わってからは、さらに外国語とコンピューターの勉強もするんだ。
女：先生の学習中には、先生のお子さんさえも邪魔すると許さないらしいよ。
問：王先生について、以下どれが正しいですか？

17 正解 [D]

選択肢　A　他是医生
　　　　B　他是厨师
　　　　C　他十分健康
　　　　D　他刚做了手术

和　訳　A　彼は医師だ
　　　　B　彼は調理師だ
　　　　C　彼はとても健康だ
　　　　D　彼は手術したばかりだ

放送内容
女：有一段时间没见到小李了，听说他最近身体不太好，是吗？
男：是啊，他上周刚开了刀，现在还在医院住院呢。
问：关于小李，下列哪项正确？

和訳
女：しばらく李君を見かけないね。噂によると最近彼は具合が悪いらしいけど、本当？
男：ああ。先週彼は手術を受けたよ。それで今でも入院中さ。
問：李君について、以下どれが正しいですか？

18 正解 [B]

選択肢　A　男的和米丽娅是老同学
　　　　B　女的和米丽娅是老同学
　　　　C　男的常送给米丽娅礼物
　　　　D　米丽娅常送给男的礼物

和　訳　A　男性とミリアは昔からのクラスメート
　　　　B　女性とミリアは昔からのクラスメート
　　　　C　男性はよくミリアへプレゼントを贈る
　　　　D　ミリアはよく男性へプレゼントを贈る

放送内容
男：你还记得米丽娅的生日吗？
女：当然记得，老同学了，怎么会不记得呢？每年她过生日的时候，我都要送她一件漂亮的礼物。
问：根据对话，可以知道什么？

和訳
男：君、ミリアの誕生日を覚えている？
女：もちろん覚えているわよ。昔からのクラスメートだし、しかも毎年彼女の誕生日に、彼女にきれいなプレゼントを贈っているから。
問：この会話から分かることは何ですか？

| 19 | 正　解 [B] |

選択肢　A　排球
　　　　B　足球
　　　　C　游泳
　　　　D　乒乓球

和　訳　A　バスケットボール
　　　　B　サッカー
　　　　C　水泳
　　　　D　卓球

放送内容
女：看什么节目呢，这么入迷？
男：看比赛呢。双方队员都表现得很出色，特别是红队的11号，连续射门得分。
问：男的最可能在看什么比赛？

和訳
女：何の番組を見ているの？　そんなに夢中になって？
男：試合を見ているんだよ。双方の選手のパフォーマンスは素晴らしい、特に赤チームの11番、連続シュートで得点したよ。
問：男性が見ているスポーツは何だと思われますか？

20 正解 [C]

選択肢　A　女的告诉了小王
　　　　B　男的告诉了小王
　　　　C　不知道谁告诉了小王
　　　　D　女的怀疑男的告诉了小王

和　訳　A　女性は王君に言った
　　　　B　男性は王君に言った
　　　　C　誰が王君に言ったのか分からない
　　　　D　女性は男性が王君に言ったのではと疑っている

放送内容
男：你不是说不告诉小王吗？他现在怎么知道得清清楚楚？
女：说实话，我并没有对他说过这件事，不知道是谁告诉他的。
问：根据对话，可以知道什么？

和訳
男：君、王君には言わないと言っていたじゃないか？　どうして彼がそんなに詳しく知っているんだよ？
女：いいえ、私は彼にこのことは言っていないよ。誰が彼に言ったのかは知らないわよ。
問：この会話から分かることは何ですか？

第1回　第二部分　問題 P.12　0102.mp3

放送内容
第二部分
第21到45题，请选出正确答案。现在开始第21题：

和訳
第2部
問21～問45について、正しい答えを選んでください。ただ今から問21を始めます。

問題用紙
第21-45题：请选出正确答案。

和訳
問21～問45：正しい答えを選んでください。

| 21 | 正 解 [A] |

選択肢　A　男的住在女的家里
　　　　B　男的和女的是夫妻
　　　　C　女的住在男的家里
　　　　D　男的和女的是一家人

和　訳　A　男性は女性の家に住んでいる
　　　　B　男性と女性は夫婦だ
　　　　C　女性は男性の家に住んでいる
　　　　D　男性と女性は家族だ

放送内容
女：你习惯住这儿了吗?
男：差不多习惯了。
女：有什么事尽管说，就像在自己家一样。
男：谢谢! 给您添麻烦了。
问：通过对话，可以知道什么?

和訳
女：ここに住み慣れた？
男：大体慣れました。
女：何かあったら自分の家だと思って何でも遠慮なく言ってね。
男：ありがとうございます！　ご面倒おかけします。
問：この会話から分かることは何ですか？

22　正解 [D]

選択肢　A　汉语好学
　　　　B　汉语难学
　　　　C　学汉语很苦
　　　　D　学汉语要努力

和　訳　A　中国語は勉強しやすい
　　　　B　中国語は勉強しにくい
　　　　C　中国語を勉強するのはとてもつらい
　　　　D　中国語を勉強するのは努力が必要だ

放送内容
男：你是第一次来北京吗？
女：是的，我是来北京学习汉语的。
男：我也是。你觉得汉语好学吗？
女：不知道。不过，我想学习任何一种语言都是要下苦工夫的。
问：女的是什么意思？

和訳
男：初めて北京に来たのですか？
女：はい、私は中国語学習のため北京に来ました。
男：僕もそうです。中国語は勉強しやすいと思いますか？
女：分からないです。でも、どんな外国語を勉強するにも苦労が伴うと思います。
問：女性の言葉の意味は何ですか？

23　正解 [D]

選択肢　A　女的没吃饭
　　　　B　女的不想来
　　　　C　两人同时到
　　　　D　男的来得早

和　訳　A　女性はまだ食事していない
　　　　B　女性は来たくない
　　　　C　二人同時に着いた
　　　　D　男性が来るのが早い

放送内容
女：我来得够早的了，没想到你来得比我还早。
男：是吗？我还以为我来晚了呢。
女：下班一起吃饭吧。
男：好的。
问：根据对话，下列哪项正确？

和訳
女：私は来るのが早すぎると思ったけど、まさか私よりあなたの方が先に来ているなんて思わなかった。
男：そう？　僕は自分が来るのが遅いと思ったほどなんだ。
女：仕事が終わったら一緒にご飯を食べようよ。
男：いいよ。
問：この会話から、以下どれが正しいですか？

24 正解 [B]

選択肢　A　南京
　　　　B　苏州
　　　　C　杭州
　　　　D　北京

和　訳　A　南京
　　　　B　蘇州
　　　　C　杭州
　　　　D　北京

放送内容
男：我觉得南京的风景已经很美了，没想到苏州更美。
女：我觉得杭州的风景才真叫美呢!
男：是吗? 我下次要去杭州看看。
女：咱们一起去吧。
问：男的认为哪儿的风景更美?

和訳
男：南京の景色はとてもきれいだと思ったけど、蘇州はそれよりもきれいで驚いた。
女：本当にきれいなのは杭州だと思うわ。
男：そうか？ じゃ、今度杭州に行ってみよう。
女：一緒に行こうよ。
問：男性はどこの風景がよりきれいと思っていますか？

25 正解 [D]

選択肢　A　修车师傅
　　　　B　交通警察
　　　　C　飞机驾驶员
　　　　D　出租车司机

和　訳　A　自動車整備士
　　　　B　交通警察
　　　　C　パイロット
　　　　D　タクシーの運転手

放送内容
女：师傅，请您快一点儿，要不我就赶不上飞机了。
男：还要快啊? 再快非把警察招来不可。
女：你可要准时把我送到啊。
男：放心吧，误不了。
问：男的最可能是做什么的?

和訳
女：運転手さん、もっとスピード上げてください、そうしないと私、飛行機に遅れてしまうわ。
男：これ以上速くですか？ そうしたら警察が来てしまいますよ。
女：時間どおりに到着できるようにしてください。
男：安心してください、遅れませんので。
問：男性の職業は何だと思われますか？

26　正解 [D]

選択肢　A　口语
　　　　B　听力
　　　　C　翻译
　　　　D　作文

和　訳　A　スピーキング
　　　　B　リスニング
　　　　C　翻訳
　　　　D　ライティング

放送内容
男：下星期就期末考试了，准备得怎么样？
女：口语、听力和翻译考试都没问题，就是害怕作文考试，我总写不好。
男：平时要多看、多想、多动手，考试时才能写好。
女：大家都这么说，从今以后我准备写日记了。
问：女的最担心什么考试？

和訳
男：来週期末試験だ。準備はどう？
女：スピーキング、リスニング、翻訳のテストは問題ないと思うけど、ライティングの試験がね…、うまく書けないよ。
男：普段から多読し、よく考え、手を動かしてこそ、テストの時に発揮できるものだよ。
女：みんなそう言うね、これから私も日記を書こうかしら。
問：女性が最も心配な試験は何ですか？

27　正解 [B]

選択肢　A　买不起车
　　　　B　养车太贵
　　　　C　不喜欢车
　　　　D　不会开车

和　訳　A　車が高すぎて買えないから
　　　　B　車の維持費は高すぎるから
　　　　C　車が好きでないから
　　　　D　車の運転ができないから

放送内容
女：听说你刚买了辆车？
男：是啊，有了车上班就方便多了。你怎么不买一辆？
女：买车容易养车难啊！
男：没错，现在养车的费用越来越高了。
问：女的为什么不买车？

和訳
女：あなた車を買ったらしいわね？
男：うん、車があると通勤に本当に便利だ。君はどうして買わないの？
女：買うのは簡単だけど、維持するのが大変だからよ！
男：確かに。最近、車の維持費はだんだん高くなっているからね。
問：女性はどうして車を購入しないのですか？

28 正解 [B]

選択肢　A　女的丢了钱包
　　　　B　男的钱包找到了
　　　　C　男的捡到了钱包
　　　　D　女的钱包找到了

和　訳　A　女性が財布をなくした
　　　　B　男性の財布が見つかった
　　　　C　男性が財布を拾った
　　　　D　女性の財布が見つかった

放送内容
男：谢谢你帮我找回了钱包，真不知道怎么感谢你才好！
女：没什么，谁捡到了都会这么做的。
男：真的有那么多好人吗？
女：当然，还是好人多。
问：根据对话，可以知道什么？

和訳
男：僕の財布を届けてくれてありがとうございます、何とお礼を言っていいか分からないくらいです！
女：いえいえ、誰でも拾ったらそうしますよ。
男：本当にそんないい人ばかりでしょうか？
女：当然ですよ、やはりいい人が多いですよ。
問：この会話から分かることは何ですか？

29 正解 [C]

選択肢　A　餐厅
　　　　B　超市
　　　　C　宾馆
　　　　D　机场

和　訳　A　レストラン
　　　　B　スーパーマーケット
　　　　C　ホテル
　　　　D　空港

放送内容
女：我昨天在你们这里预订了房间。
男：您好，您的房间是209，这是钥匙。
女：顺便问一下，附近有吃饭的地方吗？
男：穿过大厅就是餐厅，对面还有一个食品超市。
问：他们最可能在哪儿？

和訳
女：昨日部屋を予約した者ですが。
男：こんにちは、お客様のお部屋は209号室になります。こちらはルームキーです。
女：ところで、このあたりで食べるところはありますか？
男：ロビーを突き抜けたところにレストランがあります、また正面には食品スーパーがあります。
問：彼らはどこにいると思われますか？

| 30 | 正　解 | **A** |

選択肢　A　女的是老师
　　　　　B　学生来看男的
　　　　　C　男的没有假期
　　　　　D　男的收到了鲜花

和　訳　A　女性は教師である
　　　　　B　学生は男性に会いに来た
　　　　　C　男性は休暇がない
　　　　　D　男性は生花を受け取った

放送内容
男：我真羡慕你，一到过年过节就收到这么多鲜花和贺卡，还有那么多学生来看你。
女：这就是当老师的幸福啊！
男：你真是学生遍天下啊！
女：我很感谢学生们没忘了我这个老师。
问：根据对话，可以知道什么？

和訳
男：本当に君がうらやましいよ。年末や祝日になると、こんなに多くの花やお祝いカードが届き、さらにあんな多くの学生まで君ところに来るからね。
女：これは教師ならではの幸せね！
男：君の教え子は至るところにいるね。
女：私のことを忘れていない学生たちに感謝するわ。
問：この会話から分かることは何ですか？

```
放送内容  第31到32题是根据下面一段对话：
女：你来看病吗? 哪儿不舒服？
男：不是，我来替我妈妈取药。
女：你妈妈怎么了？
男：她的心脏病又犯了，挺严重的。
女：那可得多注意，心脏有毛病得赶快治。
男：是啊。
```

```
和訳  問31～問32までは以下の会話から出題されます。
女：診察ですか？　どこが具合が悪いのですか？
男：いいえ、母の薬を取りに来たのです。
女：お母さん、どうしました？
男：心臓病が再発したのです。かなり深刻です。
女：では、よく注意するように。心臓に問題があるならば早めに治療しないといけないです。
男：はい。
```

31 正解 [A]

選択肢　A　医院　　　　　　　　B　学校
　　　　C　商店　　　　　　　　D　旅馆

和　訳　A　病院　　　　　　　　B　学校
　　　　C　商店　　　　　　　　D　旅館

放送内容 他们最可能在哪儿？

和訳 彼らはどこにいると思われますか？

32 正解 [B]

選択肢　A　看病　　　　　　　　B　取药
　　　　C　看朋友　　　　　　　D　照顾妈妈

和　訳　A　診察　　　　　　　　B　薬を取る
　　　　C　友人の見舞い　　　　D　母の面倒を見る

放送内容 男的来做什么？

和訳 男性は何しに来たのですか？

放送内容　第33到34题是根据下面一段对话：
男：你喝茶还是喝咖啡？
女：我喝了咖啡容易失眠，又不喜欢茶的那种味道。还有别的吗？
男：果汁怎么样？
女：好，那就果汁吧。你呢？
男：我喜欢咖啡，特别是黑咖啡。
女：服务员，一杯果汁，一杯咖啡。

和訳　問33～問34までは以下の会話から出題されます。
男：君、お茶それともコーヒーがいい？
女：コーヒーを飲むと眠れなくなるし、でもお茶の匂いも好きじゃないし。ほかに何かある？
男：ジュースはどう？
女：うん、ジュースにしよう。あなたは？
男：僕はコーヒーが好きだ。特にブラックコーヒー。
女：すみません、ジュースを1つ、コーヒーを1つ。

33　正解 [A]

選択肢　A　容易失眠　　　　　B　味道太苦
　　　　C　容易过敏　　　　　D　容易长胖

和　訳　A　不眠になりやすいから　　B　味が苦すぎるから
　　　　C　アレルギーになりやすいから　D　太りやすいから

放送内容　女的为什么不喝咖啡？

和訳　女性はどうしてコーヒーを飲まないのですか？

34　正解 [C]

選択肢　A　茶水　　　　　　　B　果汁
　　　　C　咖啡　　　　　　　D　啤酒

和　訳　A　お茶　　　　　　　B　ジュース
　　　　C　コーヒー　　　　　D　ビール

放送内容　男的喜欢喝什么？

和訳　男性が好きな飲み物は何ですか？

放送内容　第35到36题是根据下面一段话：
一年夏天，我总觉得自己头晕眼花，浑身没劲。到了医院，大夫很快开好了药方，并对我说："这药白天每隔一小时吃一次，每次吃一片。"我还从没见过这种吃法的药，忙问他："大夫，我得了什么病？这药到底有什么作用？"那位大夫很实在地告诉我："其实这药什么病都不治，你现在需要的只是多喝水。"

和訳　問35～問36までは以下の話から出題されます。
昨年の夏、私は何となく頭がくらくらしたり、目がかすんだりして体がだるくなりました。病院に行って、先生からすぐ処方箋を書いてもらい、そして先生から「この薬は昼間1時間おきに飲むこと、毎回飲むのは1錠」と言われました。私は今までこのような服用法の薬を見たことがないので、慌てて先生に「先生、私はどんな病気ですか？　この薬は一体どういう作用があるのですか？」と尋ねました。その先生は「実際、この薬では何の病気も治らない、あなたが今必要なのは、水を多めに飲むことだけです」とまじめに私に告げてくれました。

35 正解 [D]

選択肢　A 治头晕　　　　　　　B 治眼花
　　　　C 治中暑　　　　　　　D 什么病都不治

和　訳　A めまいを治す　　　　B 目のかすみを治す
　　　　C 熱中症を治す　　　　D 何の病気も治らない

放送内容　大夫开的药治什么病？
和訳　医師が出した薬は何の病気を治す薬ですか？

36 正解 [B]

選択肢　A 多吃药　　　　　　　B 多喝水
　　　　C 多休息　　　　　　　D 多吃饭

和　訳　A 薬を多めに飲む　　　B 水を多めに飲む
　　　　C 十分休む　　　　　　D 食事を多めに取る

放送内容　说话人要怎样做才能治好病？
和訳　話し手はどうすれば病気を治すことができるのですか？

放送内容 第37到38题是根据下面一段话：
目前，一种新的时尚正在国内悄悄开始流行，就是从过去的"饮茶"发展到现在的"吃茶"。方法是把乌龙茶、红茶、绿茶的茶末和茶粉加到各种食品中，生产出一种全新的茶制食品。在中国太原、广州、深圳和重庆等城市，这种食品受到了广泛地欢迎。茶末巧克力、绿茶口香糖、绿茶冰淇淋等食品都是市场上的抢手货。茶制品之所以受到消费者的欢迎，是因为它们能起到保健防病的作用。

和訳 問37～問38までは以下の話から出題されます。
最近、国内で静かに流行りだしているものがあります。すなわち、それは過去の「飲茶」から発展した現在の「食茶」のことです。これは、ウーロン茶、紅茶、緑茶の粉末などを各食品に加え、茶製食品として新たに生産したものです。（中国の）太原、広州、深圳そして重慶では、これらの食品が市民に広く受け入れられています。お茶パウダーを使ったチョコレート、緑茶ガム、緑茶アイスクリームなどの食品は市場で売れ筋商品となっています。お茶を使った製品が消費者に受け入れられている理由は、病気予防にも効果があるからということです。

37 正解 [D]

選択肢　A 上海　　　　　B 北京
　　　　C 天津　　　　　D 重庆

和　訳　A 上海　　　　　B 北京
　　　　C 天津　　　　　D 重慶

放送内容 茶制食品在下列哪个城市最受欢迎？

和訳 お茶を使った食品は以下のどの都市で受け入れられていますか？

38 正解 [B]

選択肢　A 价钱便宜　　　　B 保健防病
　　　　C 容易买到　　　　D 香甜可口

和　訳　A 値段が安いから　　　B 病気予防になるから
　　　　C 簡単に買えるから　　D 甘くて美味しいから

放送内容 茶制食品为什么受到消费者的欢迎？

和訳 お茶を使った食品はどうして消費者に受け入れられていますか？

|放送内容| 第39到42题是根据下面一段话：
古时候有一个人叫乐广，他听说朋友病了，就去看朋友。问起生病的原因，朋友说："我去你家做客，喝酒的时候看见杯子里有一条蛇，心里虽然很害怕，可是看到大家都喝了，我也只好喝了下去，没想到第二天就病倒了。"
乐广想：酒杯里绝对不会有蛇，一定有别的原因。回家后，乐广仔细观察房间的四周，发现墙上挂了一张弓，弓上刻着一条蛇。乐广就赶紧端来一杯酒，坐在朋友坐过的位置上。果然，弓上那条蛇的影子正好映在酒杯中。
乐广又请朋友到他家做客，让朋友坐在和上次一样的位置上，朋友一拿起酒杯，就又看见了上次那条蛇。乐广笑着对朋友说："你看这张弓上的蛇是不是又跑到你的酒杯里去了？"
这时，朋友才明白自己生病的原因，他的病一下子就好了。

|和訳| 問39～問42までは以下の話から出題されます。
昔、楽広という人がいました。彼は友人が病気になったことを聞き、友人の元へお見舞いに行きました。そして病気の原因を問いただすと、友人は「君の家で酒をいただいている時、杯の中に1匹の蛇を見たんだ。内心怖かったけど、みんなそのまま飲んでいたので、私もそのまま飲むしかなかった。しかし思いもよらないことに次の日、病気で倒れてしまったんだ」と述べました。
楽広は、杯の中に蛇なんか絶対にいるわけがない、きっとほかの原因があるはずだ、と思いました。帰宅後、楽広は部屋中を詳細に調べました。そこで壁に掛っている弓を見つけ、その弓には蛇の絵が刻まれていることに気付きました。楽広はすぐに酒を1杯を持ってきて、友人が座った場所に座りました。やはり、弓の上のあの蛇の影は酒杯の中に映っていました。
そして、楽広は再び友人を家に招き、友人にこの前の位置に座らせました。友人が杯を持ち上げた時、また、この前のあの蛇を見ました。楽広は笑いながら友人に言いました。「見て！　この弓の上にある蛇は、また君の酒杯の中にいるじゃないか？」と。
この時、友人はやっと自分の病気の原因が分かり、彼の病気はすぐさまよくなりました。

39 正解 [A]

選択肢　A　朋友生病了
　　　　B　想念朋友了
　　　　C　朋友请他喝酒
　　　　D　朋友请他聊天

和　訳　A　友人が病気になったから
　　　　B　友人のことが恋しくなったから
　　　　C　友人が彼を家に誘ってお酒をおごりたかったから
　　　　D　友人が彼と世間話をしたかったから

放送内容　乐广为什么要去看朋友?

和訳　楽広はどうして友人を訪ねたのですか？

40 正解 [C]

選択肢　A　喝了太多酒
　　　　B　喝酒后受了风寒
　　　　C　怀疑自己喝了蛇
　　　　D　朋友们逼他喝酒

和　訳　A　お酒を飲みすぎたこと
　　　　B　お酒を飲んだ後に風邪をひいたこと
　　　　C　自分は蛇を飲んだと思ったこと
　　　　D　友人たちが無理やり彼にお酒を飲ませたこと

放送内容　朋友生病的原因是什么?

和訳　友人の病気の原因は何ですか？

| 41 | 正　解 [**B**] |

選択肢　A　墙上的蛇爬进酒杯里
　　　　B　弓上刻的蛇映到酒杯里
　　　　C　桌子上的蛇爬进酒杯里
　　　　D　房顶上的蛇掉进酒杯里

和　訳　A　壁にいる蛇は酒杯の中に入った
　　　　B　弓の上に刻まれている蛇は酒杯の中に映った
　　　　C　机の上にいる蛇は酒杯の中に入った
　　　　D　屋根の上にいる蛇は酒杯の中に落ちた

放送内容　乐广家酒杯里的蛇是从哪儿来的?

和訳　楽広の家の酒杯中の蛇はどこから来たのですか？

| 42 | 正　解 [B] |

選択肢　A　想让朋友品尝好酒
　　　　B　帮朋友治好疑心病
　　　　C　让朋友看他养的蛇
　　　　D　庆祝朋友恢复了健康

和　訳　A　友人にいいお酒を飲んでほしかったから
　　　　B　友人の心の病を治したいと思ったから
　　　　C　友人に自分が飼っている蛇を見せるため
　　　　D　友人の快気祝いをするため

放送内容　乐广为什么又请朋友喝酒？

和訳　楽広はどうしてまた友人を家に招いて酒を飲んだのですか？

| 放送内容 | 第43到45题是根据下面一段话：
人们到超市买蔬菜时，往往会选购放在货架最里面、最新生产的蔬菜。但是，研究人员则建议消费者挑选摆放在最前面、暴露在超市光线下的蔬菜。这是为什么呢？研究人员发现，如果蔬菜持续暴露在超市的光线下，在合适的温度、湿度以及空气的作用下，蔬菜的叶子就会发生光合作用，从而产生各种维生素。所以，在货架前面、能接受到光照的蔬菜，它们的营养价值要高于放在阴暗处的蔬菜。当然，研究人员也指出，这个过程最好不要太长，如果蔬菜存放的时间太久，即使暴露在光线下，它们也会因为枯萎而导致营养物质流失。 |
|---|---|
| 和訳 | 問43～問45までは以下の話から出題されます。
人々はスーパーで野菜を買う時、商品棚の一番奥にある一番新鮮な野菜を選ぶ傾向があります。しかし、消費者は一番前に置かれて店内の光に当てられている野菜を選ぶようにと、研究員は勧めています。それはなぜでしょうか？
もし野菜が店内の光にずっと当てられているなら、適切な温度・湿度それに空気の下で、野菜の葉は光合成を発生させ、その結果、各種ビタミンを産出することを研究員が発見したからです。従って、商品棚の前にある光を受けた野菜の栄養価は暗いところよりも高いのです。当然、研究員はその野菜が長期にわたってずっと前に置かれているのはよくないとし、もし野菜が長く置かれているならば、たとえ光を受けていても、その野菜は枯れてしまい、栄養物も流失してしまう、というのです。 |

43 正解 [C]

選択肢
A 颜色鲜艳的
B 样子漂亮的
C 货架最里面的
D 货架最外面的

和訳
A 色鮮やかなもの
B 形がきれいなもの
C 商品棚の一番奥にあるもの
D 商品棚の一番外側にあるもの

放送内容	人们在超市常选择什么样的蔬菜？
和訳	人々がスーパーで常に選ぶ野菜はどんな野菜ですか？

| 44 | 正　解 [D] |

選択肢　A　最大的
　　　　B　最新鮮的
　　　　C　货架最里面的
　　　　D　暴露在光线下的

和　訳　A　最も大きいもの
　　　　B　最も新鮮なもの
　　　　C　商品棚の一番奥にあるもの
　　　　D　光に当てられているもの

放送内容 研究人员建议选择什么样的蔬菜？

和訳 研究員がお薦めする選ぶべき野菜とはどんな野菜ですか？

45 正　解 [C]

選択肢　A　更新鲜
　　　　B　更便宜
　　　　C　更有营养
　　　　D　保质期更长

和　訳　A　より新鮮
　　　　B　より安い
　　　　C　もっと栄養がある
　　　　D　賞味期間がより長い

> 放送内容　暴露在光线下的蔬菜怎么样？
>
> 和訳　光に当てられている野菜はどんなものですか？

放送内容　听力考试现在结束。

和訳　聴解試験はこれで終了です。

第1回

# 第2回

（二）听　力

第 一 部 分

第1-20题：请选出正确答案。

1. A 翻译　　　　　　　　　B 教学
   C 写小说　　　　　　　　D 写诗歌

2. A 北京人　　　　　　　　B 上海人
   C 中国人　　　　　　　　D 外国人

3. A 女的是大夫　　　　　　B 男的妈妈出院了
   C 男的妈妈住院了　　　　D 男的爸爸出院了

4. A 现在给男的　　　　　　B 明天给男的
   C 文章要修改　　　　　　D 文章还没写好

5. A 改天再去　　　　　　　B 明天不去
   C 明天一定去　　　　　　D 没有时间去

6. A 唱歌　　　　　　　　　B 写诗
   C 看小说　　　　　　　　D 学英语

7. A 女的家在李庄　　　　　B 女的不想去参观
   C 男的现在住在李庄　　　D 男的曾在李庄生活

8. A 从不迟到　　　　　　　B 正在写文章
   C 文章写完了　　　　　　D 在杂志社工作

9. A 女的旅游很便宜　　　　B 女的旅游很愉快
   C 女的在生男的的气　　　D 女的没听男的的建议

10. A 更自由　　　　　　　　B 离家近
    C 工资多　　　　　　　　D 爱讲课

11. A 没有钱　　　　　　　　B 父母给钱
    C 快准备好钱了　　　　　D 希望女的帮助

12. A 是云南人　　　　　　　B 在云南跳过舞
    C 在云南收获很小　　　　D 不了解云南的风俗

48

13. A 他的哥哥在国外　　　　　B 经常和哥哥联系
　　C 经常给女的写信　　　　D 今天给哥哥写信了

14. A 上课以前　　　　　　　　B 上课以后
　　C 快下课时　　　　　　　　D 下课以后

15. A 英语水平　　　　　　　　B 身体条件
　　C 工作能力　　　　　　　　D 专业知识

16. A 不漂亮　　　　　　　　　B 很漂亮
　　C 演技不好　　　　　　　　D 喜欢打扮

17. A 得了冠军　　　　　　　　B 赛前得病了
　　C 病已经好了　　　　　　　D 带病参加比赛

18. A 去年退休了　　　　　　　B 写了很多小说
　　C 去年不写小说了　　　　　D 去年大学毕业了

19. A 吃惊　　　　　　　　　　B 生气
　　C 安慰　　　　　　　　　　D 害怕

20. A 气温　　　　　　　　　　B 天气
　　C 风的成因　　　　　　　　D 风的方向

第二部分

第21-45题：请选出正确答案。

21. A 做饭 B 谈生意
    C 打电话 D 等客户

22. A 称赞 B 怀疑
    C 批评 D 不耐烦

23. A 汽车站 B 火车站
    C 出租车上 D 公共汽车上

24. A 点菜 B 买菜
    C 做菜 D 看病

25. A 衣服还很新 B 女的不满意
    C 他们在洗衣店 D 女的得不到赔偿

26. A 女的皮鞋太多 B 女的身体不好
    C 改天再擦皮鞋 D 让女的戴上口罩

27. A 油变质了 B 火太大了
    C 油温太高 D 油离炉火太近了

28. A 洗手 B 别吃苹果
    C 快点儿数钱 D 多用毛巾擦手

29. A 银行 B 医院
    C 教室 D 警察局

30. A 发东西 B 送礼品
    C 外出旅游 D 发购物卡

31. A 比手掌大 B 没手掌大
    C 比火柴盒小 D 比火柴盒大

50

32. A 看动物比赛　　　　　　　B 看歌舞比赛
　　C 看风筝表演　　　　　　　D 看杂技表演

33. A 加班　　　　　　　　　　B 学车
　　C 健身　　　　　　　　　　D 买车

34. A 不想学　　　　　　　　　B 学费太贵
　　C 没有时间　　　　　　　　D 买了新车再学

35. A 很便宜　　　　　　　　　B 很暖和
　　C 很鲜艳　　　　　　　　　D 只有红色

36. A 衣服都很鲜艳　　　　　　B 学习成绩优秀
　　C 身体十分健康　　　　　　D 业余生活丰富

37. A 每天下午　　　　　　　　B 暑假期间
　　C 每天上午　　　　　　　　D 每星期六

38. A 锻炼身体　　　　　　　　B 放松自己
　　C 充实自己　　　　　　　　D 美化生活

39. A 作产品宣传　　　　　　　B 跟朋友谈话
　　C 作自我介绍　　　　　　　D 回答老师提问

40. A 法语　　　　　　　　　　B 英语
　　C 文化　　　　　　　　　　D 建筑

41. A 法国建筑专家　　　　　　B 法国文化专家
　　C 法国经济学家　　　　　　D 法国文学教授

42. A 去法国留学　　　　　　　B 学习法国建筑
　　C 研究法国服饰　　　　　　D 研究法国文化

43. A 种田 　　　　　　　　　　B 编杂志
    C 当作家 　　　　　　　　　D 练书法

44. A 一位青年 　　　　　　　　B 一位作家
    C 一位书法家 　　　　　　　D 杂志的编辑

45. A 努力种地 　　　　　　　　B 朋友间相互学习
    C 杂志编辑的引导 　　　　　D 每天坚持写3000个字

第2回

第2回　第一部分　問題 P.48　0201.mp3

放送内容
大家好！欢迎参加HSK（五级）考试。
大家好！欢迎参加HSK（五级）考试。
大家好！欢迎参加HSK（五级）考试。
HSK（五级）听力考试分两部分，共45题。
请大家注意，听力考试现在开始。

和訳
こんにちは。HSK5級テストへようこそ。
こんにちは。HSK5級テストへようこそ。
こんにちは。HSK5級テストへようこそ。
HSK(5級)聴解試験は2部分あり、合計45問です。
ただ今から聴解試験を始めます。注意して聞いてください。

放送内容
第一部分
第1到20题，请选出正确答案。现在开始第1题：

和訳
第1部分
問1～問20について、正しい答えを選んでください。ただ今から問1を始めます。

問題用紙
第1-20题：请选出正确答案。

和訳
問1～問20：正しい答えを選んでください。

| 01 | 正 解 [A] |

選択肢　A　翻译　　　　　　　　　　B　教学
　　　　C　写小说　　　　　　　　　D　写诗歌

和　訳　A　翻訳　　　　　　　　　　B　教育
　　　　C　小説を書く　　　　　　　D　詩歌を書く

放送内容
女：你听说过我们外语学院的刘教授吗？
男：听说过，刘教授主要从事翻译工作，还写过小说和诗歌。
问：刘教授主要从事什么工作？

和訳
女：あなた、うちの外語学院の劉教授という先生、知っている？
男：知っているよ。劉教授は主に翻訳をしているけど、小説や詩歌も書いているよ。
問：劉教授は主にどんな仕事をしていますか？

| 02 | 正 解 [D] |

選択肢　A　北京人
　　　　B　上海人
　　　　C　中国人
　　　　D　外国人

和　訳　A　北京人
　　　　B　上海人
　　　　C　中国人
　　　　D　外国人

放送内容
男：马爱华在北京找到了一份理想的工作。
女：是呀，而且他还跟一个中国姑娘结了婚，现在正在上海度蜜月。他还说要做一个合格的中国女婿。
问：马爱华是哪里人？

和訳
男：馬愛華は北京でいい仕事を見つけたね。
女：そうね。そのうえ、彼は中国人と結婚して、今はちょうど上海へハネムーンで行っているわ。彼は中国人に認められるような婿になりたいと言っていたわ。
問：馬愛華はどこの人ですか？

第２回

03 正解 [A]

選択肢　A　女的是大夫
　　　　B　男的妈妈出院了
　　　　C　男的妈妈住院了
　　　　D　男的爸爸出院了

和　訳　A　女性は医師だ
　　　　B　男性の母は退院した
　　　　C　男性の母は入院した
　　　　D　男性の父は退院した

放送内容
女：放心吧，你爸爸的病很快就会好的。
男：谢谢大夫。这次爸爸住院后，我们全家都很紧张，我妈已经三天三夜没怎么睡觉了。
问：根据对话，可以知道什么？

和訳
女：安心してください。お父さんの病気はすぐによくなりますよ。
男：先生、ありがとうございます。父が入院してから、我々家族は皆心配し、母はあまり寝ていないのです。
問：この会話から分かることは何ですか？

04 正解 [C]

選択肢　A　现在给男的
　　　　B　明天给男的
　　　　C　文章要修改
　　　　D　文章还没写好

和　訳　A　今、男性に渡す
　　　　B　明日、男性に渡す
　　　　C　文章を修正しなければならない
　　　　D　文章はまだ書き上げていない

放送内容
男：你的文章什么时候交给我呀？
女：不好意思，请再等一等，我的习惯是写好后先自己修改几遍。
问：女的是什么意思？

和訳
男：君、いつ私に文章を提出するの？
女：申し訳ございません。もう少しお待ちください。いつも書き上げてから、さらに数回修正をしますので。
問：女性の言葉の意味は何ですか？

05 正解 [C]

選択肢　A　改天再去
　　　　B　明天不去
　　　　C　明天一定去
　　　　D　没有时间去

和　訳　A　日を改めて行く
　　　　B　明日は行かない
　　　　C　明日必ず行く
　　　　D　行く時間がない

放送内容
女：天气预报说明天有大雨，我们还去动物园吗？
男：明天不去就没有时间去了。
问：男的是什么意思？

和訳
女：天気予報によると、明日は大雨らしいよ、それでも私たちは動物園に行く？
男：明日行かないと行く時間がないよ。
問：男性の言葉の意味は何ですか？

06 正解 [D]

選択肢　A　唱歌
　　　　B　写诗
　　　　C　看小说
　　　　D　学英语

和　訳　A　歌を歌うこと
　　　　B　詩を書くこと
　　　　C　小説を読むこと
　　　　D　英語を勉強すること

放送内容
男：爱玲买的书可真不少。
女：是不少，但她只买英语学习方面的书，从来不买小说、诗歌什么的。
问：爱玲的爱好最可能是什么？

和訳
男：愛玲は本当にたくさん本を買うね。
女：確かに多いわね。でも彼女が買う本は英語学習関連の本だけで、小説や詩歌などの本は買ったことがないわ。
問：愛玲の趣味は何だと思われますか？

07 正解 [D]

選択肢　A　女的家在李庄
　　　　B　女的不想去参观
　　　　C　男的现在住在李庄
　　　　D　男的曾在李庄生活

和　訳　A　女性の家は李荘にある
　　　　B　女性は見学に行きたくない
　　　　C　男性は今、李荘に住んでいる
　　　　D　男性はかつて李荘で生活をしていた

放送内容
女：明天我们要去参观的那个村子叫什么来着?
男：叫李庄。我对那个村子并不陌生，我曾经在那儿生活过几年。
问：根据对话，可以知道什么?

和訳
女：明日私たちが見学するあの村の名前は何だっけ？
男：李荘。僕はその村のことをよく知っているよ。昔、数年間そこで生活していたからね。
問：この会話から分かることは何ですか？

08 正解 [B]

選択肢　A　从不迟到
　　　　B　正在写文章
　　　　C　文章写完了
　　　　D　在杂志社工作

和　訳　A　遅れたことがない
　　　　B　文章を書いている
　　　　C　文章を書き終えた
　　　　D　雑誌社で働いている

放送内容
男：小宋这几天怎么总迟到?
女：他这几天睡得很晚，他正在给一家杂志社写文章。
问：关于小宋，可以知道什么?

和訳
男：宋君は最近どうしていつも遅れて来るの？
女：彼は、この数日間、雑誌社に送るための文章を書いているから寝るのが遅いのよ。
問：宋君について、分かることは何ですか？

| 09 | 正　解 [D] |

選択肢　A　女的旅游很便宜
　　　　B　女的旅游很愉快
　　　　C　女的在生男的的气
　　　　D　女的没听男的的建议

和　訳　A　女性の旅行は安かった
　　　　B　女性の旅行は楽しかった
　　　　C　女性は男性に怒っている
　　　　D　女性は男性のアドバイスを聞かなかった

放送内容
女：这次旅游花了不少钱，却买了个不愉快。
男：你当初听我的建议就好了。
问：根据对话，可以知道什么？

和訳
女：今回の旅行ではたくさんお金を使ったのに、楽しくなかったわ。
男：最初から僕のアドバイスを聞いておけばよかったのに。
問：この会話から分かることは何ですか？

| 10 | 正　解 [A] |

選択肢　A　更自由
　　　　B　离家近
　　　　C　工资多
　　　　D　爱讲课

和　訳　A　もっと自由になれるから
　　　　B　家から近いから
　　　　C　給料が多いから
　　　　D　授業をするのが好きだから

放送内容
男：你为什么想当大学老师呢？
女：虽然在公司挣钱多一些，可是上下班的时间规定得很死。在大学里则比较自由。
问：女的为什么想当大学老师？

和訳
男：どうして大学の先生になろうと思ったの？
女：会社勤めで大金を稼ぐのは可能だけれど、時間どおりに通勤するのがいやなので。その点、大学は比較的自由だから。
問：女性はどうして大学の先生になろうとしたのですか？

| 11 | 正　解 [C] |

選択肢　A　没有钱
　　　　B　父母给钱
　　　　C　快准备好钱了
　　　　D　希望女的帮助

和　訳　A　お金がない
　　　　B　父母がお金を与える
　　　　C　もうすぐお金の準備ができる
　　　　D　女性の援助を望む

放送内容
女：你买房的钱准备得怎么样了？
男：差不多了。
问：男的是什么意思？

和訳
女：家を買う資金の準備はどう？
男：大体準備できた。
問：男性の言葉の意味は何ですか？

| 12 | 正　解 [D] |

選択肢　A　是云南人
　　　　B　在云南跳过舞
　　　　C　在云南收获很小
　　　　D　不了解云南的风俗

和　訳　A　雲南人だ
　　　　B　雲南で踊ったことがある
　　　　C　雲南での成果は少なかった
　　　　D　雲南の風習が分からなかった

放送内容
男：你这次去云南调查，收获不小吧？
女：是不小。不过因为不了解当地的风俗习惯，也产生了不少误会。
问：关于女的，可以知道什么？

和訳
男：今回君の雲南調査では大きな成果があったでしょう？
女：確かに大きかったです。けれども、現地の風習が分からなかったため、多くの誤解も生じました。
問：女性について分かることは何ですか？

13 正 解 [A]

選択肢　A　他的哥哥在国外
　　　　B　经常和哥哥联系
　　　　C　经常给女的写信
　　　　D　今天给哥哥写信了

和　訳　A　彼の兄は海外にいる
　　　　B　よく兄と連絡している
　　　　C　よく女性へ手紙を書く
　　　　D　今日は兄へ手紙を書いた

放送内容
女：这是你的信。
男：这是我在国外的哥哥寄来的。我们很长时间没联系了，今天终于盼到他的信了。
问：关于男的，可以知道什么？

和訳
女：これはあなたへの手紙よ。
男：これは海外にいる兄からの手紙だ。長い間連絡を取っていなかったけど、今日やっと届いたよ！
問：男性について分かることは何ですか？

14 正 解 [C]

選択肢　A　上课以前
　　　　B　上课以后
　　　　C　快下课时
　　　　D　下课以后

和　訳　A　授業前
　　　　B　授業が始まってから
　　　　C　授業の終わりごろ
　　　　D　授業後

放送内容
男：快下课的时候，老师说什么了？
女：老师说了三遍，你还没听见啊！他说明天我们班要去工厂参观。
问：老师是什么时候通知学生要去参观的？

和訳
男：授業の最後の方で、先生は何と言ってましたか？
女：先生は3回も言ったのに、聞いてなかったの？　明日、私たちのクラスは工場見学に行くんだって。
問：先生はいつ生徒に見学に行くことを伝えましたか？

15 正 解 [A]

選択肢　A　英语水平
　　　　B　身体条件
　　　　C　工作能力
　　　　D　专业知识

和　訳　A　英語力
　　　　B　身体状況
　　　　C　仕事能力
　　　　D　専門知識

放送内容
女：小王被公司录取了吗?
男：别提了，论专业知识、身体条件、工作能力他都没的说，就是没有通过英语考试。
问：小王哪方面不符合公司的录取条件?

和訳
女：王君は会社から内定をもらった？
男：専門知識、身体状況、仕事能力は問題なし、しかし残念ながら英語の試験がうまくいかなかった。
問：王君はどの部分が会社の採用条件に合わなかったのですか？

16 正 解 [A]

選択肢　A　不漂亮
　　　　B　很漂亮
　　　　C　演技不好
　　　　D　喜欢打扮

和　訳　A　きれいではない
　　　　B　とてもきれい
　　　　C　演技がよくない
　　　　D　おしゃれ好き

放送内容
男：我觉得这个女演员是我见过的最漂亮的明星。
女：我怎么没看出来?
问：女的认为女演员怎么样?

和訳
男：この女優は私が見た中で最もきれいなスターだと思う。
女：私はそう思わないけど？
問：女性はその女優についてどう思っていますか？

17 正解 [B]

選択肢　A　得了冠军
　　　　B　赛前得病了
　　　　C　病已经好了
　　　　D　带病参加比赛

和　訳　A　優勝した
　　　　B　大会前に病気になった
　　　　C　病気は既によくなった
　　　　D　病気のまま大会に参加する

放送内容
女：李强这次运动会能拿冠军吗？
男：他本来是最有希望夺冠的运动员，可惜赛前得了重病，不得不退出了比赛。
问：关于李强，可以知道什么？

和訳
女：李強君は今回の運動会で優勝できる？
男：本来なら彼が優勝候補の筆頭に挙げられていたけど、惜しいことに大会前に大病にかかってしまって、欠場せざるを得なくなったんだ。
問：李強君について分かることは何ですか？

18 正解 [B]

選択肢　A　去年退休了
　　　　B　写了很多小说
　　　　C　去年不写小说了
　　　　D　去年大学毕业了

和　訳　A　昨年、定年となった
　　　　B　多くの小説を書いた
　　　　C　昨年から小説を書かなくなった
　　　　D　昨年、大学を卒業した

放送内容
男：老王真不简单啊！
女：是啊，他大学毕业后就开始写小说，到去年年底，已经创作十部长篇小说了。
问：关于老王，可以知道什么？

和訳
男：王さんは大したものですね！
女：ええ、彼は大学卒業後に小説を書き始めて、昨年末までに既に10冊の長編小説を出版しているからね。
問：王さんについて分かることは何ですか？

| 19 | 正　解 | [A] |

選択肢　A　吃惊
　　　　B　生气
　　　　C　安慰
　　　　D　害怕

和　訳　A　驚いている
　　　　B　怒っている
　　　　C　慰めている
　　　　D　怖がっている

放送内容
女：我女儿住院了，我要请假去医院看她。
男：她怎么了? 我昨天见她还好好儿的，今天怎么住院了?
问：男的是什么语气?

和訳
女：娘が入院することになったので、休暇をとって娘の病院に付き添うわ。
男：娘さん、どうしたの？　僕が昨日見た時は元気だったよ、それなのにどうして今日入院することになったの？
問：男性はどういった口ぶりですか？

| 20 | 正 解 [C] |

選択肢　A　气温
　　　　B　天气
　　　　C　风的成因
　　　　D　风的方向

和　訳　A　気温
　　　　B　天気
　　　　C　風の発生原因
　　　　D　風の方向

放送内容
男：风是怎么刮起来的呢？
女：空气受热膨胀上升，冷空气过来补充，这样空气流动起来就形成了风。
问：他们在谈论什么？

和訳
男：風はどうして吹き上げるのだろうか？
女：空気が熱せられて膨張して上昇し、冷たい空気と入れかわるようになります。こうした空気の移動により風が発生するのです。
問：彼らは何について話していますか？

第2回 第二部分　問題 P.50　0202.mp3

放送内容
第二部分
第21到45題，请选出正确答案。现在开始第21题：

和訳
第2部
問21〜問45について、正しい答えを選んでください。ただ今から問21を始めます。

問題用紙
第21-45題：请选出正确答案。

和訳
問21〜45：正しい答えを選んでください。

| 21 | 正　解 [C] |

選択肢　A　做饭
　　　　B　谈生意
　　　　C　打电话
　　　　D　等客户

和　訳　A　食事を作っている
　　　　B　商談している
　　　　C　電話をしている
　　　　D　お客を待っている

放送内容
女：你到家了吗？
男：到了，我正准备做饭呢，你现在在哪儿？
女：我在单位，今天晚上要接待一个客户，晚饭就别等我了。
男：好吧，我一个人就简单吃点儿吧。
问：他们最可能在做什么？

和訳
女：もう家に着いた？
男：着いたよ。今は食事の準備をしている。君は今どこ？
女：職場。今夜お客さんと接待があるから、夕食は待たなくていいよ。
男：分かった、僕一人で簡単なものでも食べておくよ。
問：彼らは何をしていると思われますか？

22 正解 [B]

選択肢 A 称赞
　　　　　B 怀疑
　　　　　C 批评
　　　　　D 不耐烦

和訳　 A 称賛
　　　　　B 懐疑
　　　　　C 批判
　　　　　D 面倒

放送内容
男：我这儿有两张电影票，今晚咱们一起去看电影吧。
女：今天是我妈生日，我得回家给她过生日。
男：怎么这么巧呢? 每次想跟你去看电影，你都有事。
女：是真的有事。
问：男的是什么语气?

和訳
男：ここに映画チケットが2枚あるんだけど、今夜一緒に見に行こうよ。
女：今日はお母さんの誕生日だから、家に帰って誕生日を祝うの。
男：なんというタイミングだよ? 君を映画に誘うと毎回君はいつも用事があるんだもの。
女：本当なんだって。
問：男性はどういった口ぶりですか?

23 正解 [D]

選択肢 A 汽车站
　　　　　B 火车站
　　　　　C 出租车上
　　　　　D 公共汽车上

和訳　 A バス乗り場
　　　　　B 駅
　　　　　C タクシー内
　　　　　D バス内

放送内容
女：下一站是体育场站，下车的乘客请作好准备。哪位给刚上车的这位老大爷让个座?
男：坐这儿吧。
女：谢谢这位小伙子。
男：不用谢，我下一站就下车了。
问：他们最可能在哪儿?

和訳
女：次はスタジアムです。お降りなるお客様はご準備ください。すみません、誰かこちらの年配の方に席をゆずっていただけますか?
男：どうぞ、こちらへ。
女：お兄さん、ありがとう。
男：いえいえ、私は次で降りますから。
問：彼らはどこにいると思われますか?

24 正解 [A]

選択肢　A　点菜
　　　　B　买菜
　　　　C　做菜
　　　　D　看病

和　訳　A　料理の注文をしている
　　　　B　おかずを買っている
　　　　C　料理を作っている
　　　　D　診察を受けている

放送内容
男：服务员，我要半只烤鸭、一盘烧牛肉、一条清蒸鱼，再来一个炒虾仁。
女：烧牛肉要放辣椒吗？
男：千万别放，我这几天上火了，嗓子疼。
女：好的，请稍等。
问：男的在做什么？

和訳
男：すみません、北京ダック半羽、牛肉の煮込み、蒸し魚、それからエビの炒めものをお願いします。
女：牛肉の煮込みにはトウガラシを入れますか？
男：いや、入れないで。この数日体の中に熱がこもって喉が痛いから。
女：かしこまりました。では、しばらくお待ちください。
問：男性は何をしていますか？

25 正解 [D]

選択肢　A　衣服还很新
　　　　B　女的不满意
　　　　C　他们在洗衣店
　　　　D　女的得不到赔偿

和　訳　A　衣服はまだ新しい
　　　　B　女性は不満だ
　　　　C　彼らはクリーニング店にいる
　　　　D　女性は弁償をもらえない

放送内容
女：我昨天从你们店里取回衣服，发现衣服被洗坏了。
男：我看看。真对不起，按规定，我们可以赔您200块钱。
女：200块？我这衣服1000块买的，才穿了两次。
男：这是店里的规定，我也没办法。
问：根据对话，下列哪项不正确？

和訳
女：昨日、こちらで服を引き取ったのですが、クリーニングした後、服が悪くなってたんですけど。
男：見せてください。あ！ 申し訳ございません。それでは規定により弁償として200元をお支払いします。
女：200元？　この服は1000元ですよ、しかもまだ2回しか着ていないのに。
男：これは店の規定で決まっているのです。私としてもどうすることができないのです。
問：この会話から以下のどれが間違いですか？

26 正解 [D]

選択肢　A　女的皮鞋太多
　　　　B　女的身体不好
　　　　C　改天再擦皮鞋
　　　　D　让女的戴上口罩

和　訳　A　女性の革靴が多すぎる
　　　　B　女性は体の調子がよくない
　　　　C　後日、また革靴を磨く
　　　　D　女性にマスクをさせる

放送内容
男：你怎么把皮鞋都拿出来了?
女：我想给它们都擦上点儿油，想穿的时候，拿起来就能穿。
男：鞋油中有对人体有害的物质，一次擦这么多，你还是戴上口罩吧。
女：是吗? 我马上就去找口罩。
问：男的是什么意思?

和訳
男：君はどうして革靴を取り出しているの？
女：靴にちょっとクリームを塗りたいと思っているの。履きたい時にすぐ履けるようにね。
男：靴墨には人体にとって有害物質があるから、一度でこんなにたくさん手入れするのなら、やはりマスクをした方がいいよ。
女：そうなの？　じゃ、すぐにマスクを探してくるわ。
問：男性の言葉の意味は何ですか？

27 正解 [D]

選択肢　A　油变质了
　　　　B　火太大了
　　　　C　油温太高
　　　　D　油离炉火太近了

和　訳　A　油が変質した
　　　　B　火が強すぎる
　　　　C　油の温度が高すぎる
　　　　D　油が火に近すぎる

放送内容
女：你怎么把油放得离炉火这么近?
男：因为用着方便啊。
女：食用油离火太近是很容易变质的。
男：是吗? 那就放远点儿。
问：女的是什么意思?

和訳
女：あなた、どうして油をこんなに火の近くに置いているの？
男：使う時に便利だから。
女：食用油は火に近すぎると変質しやすくなるのよ。
男：そうなの？　それじゃ、遠いところに置かないと。
問：女性の言葉の意味は何ですか？

28 正解 [A]

選択肢　A　洗手
　　　　B　别吃苹果
　　　　C　快点儿数钱
　　　　D　多用毛巾擦手

和　訳　A　手洗い
　　　　B　リンゴを食べさせない
　　　　C　急いでお金を数える
　　　　D　タオルでよく手を拭く

放送内容
男：你刚才数了半天钱，怎么不洗手就吃苹果呢？
女：我用毛巾擦过手了。
男：钱上有很多细菌，只擦擦怎么行呢？
女：我下次一定注意。
问：男的让女的做什么？

和訳
男：さっきまで長い時間お金を数えていたのに、どうしてリンゴを食べる時に手を洗わないの？
女：タオルで拭いたわよ。
男：お金にはたくさんの菌がついているのに、ただ拭くだけではダメだよ。
女：今度注意するわ。
問：男性は女性に何をさせましたか？

29 正解 [A]

選択肢　A　银行
　　　　B　医院
　　　　C　教室
　　　　D　警察局

和　訳　A　銀行
　　　　B　病院
　　　　C　教室
　　　　D　警察署

放送内容
女：你好，我要存钱。
男：存多少？
女：两万五。
男：请把您的身份证给我。
问：他们最可能在哪儿？

和訳
女：こんにちは。貯金したいのですけど。
男：いくらお預けですか？
女：2万5千。
男：身分証明書のご提示をお願いします。
問：彼らはどこにいると思われますか？

| 30 | 正　解 [C] |

選択肢　A　发东西
　　　　B　送礼品
　　　　C　外出旅游
　　　　D　发购物卡

和　訳　A　物を配る
　　　　B　贈答品を贈る
　　　　C　旅行に出かける
　　　　D　ショッピングカードを配る

放送内容
男：去年国庆节咱们给职工们发了不少东西，今年发什么呢?
女：购物卡怎么样?
男：不好。咱们还是组织一次旅游吧。
女：这是个好主意。
问：今年国庆节可能会有什么安排?

和訳
男：去年の国慶節の時、僕たちは多くの物を従業員に配ったね。今年は何を配る？
女：ショッピングカードなんてどうかしら？
男：ダメだ。僕たち団体旅行をしようよ。
女：それはいいアイデアね。
問：今年の国慶節には何が行われますか？

放送内容　第31到32题是根据下面一段对话：
女：我给你看一样东西。
男：啊，是风筝。这么小，还没有手掌大！它能飞起来吗？
女：当然了！比它再小的风筝也能飞起来，我昨天在风筝节上看到的。
男：你去看风筝表演了？
女：是呀。
男：那肯定比动物表演和杂技表演还有意思吧？
女：是的。风筝节上的风筝各式各样，小的比火柴盒还小，大的有几十米长。有一只龙形的风筝，十几个人才能放起来。你没见过吧？
男：没见过，真有意思，我们明天去放风筝吧。

和訳　問31〜問32までは以下の会話から出題されます。
女：あるものを見せてあげるよ。
男：あ！ 凧だ。手のひらに乗るくらい小さい！　これ飛べるの？
女：当然よ！　これより小さい凧でも飛べるよ。昨日の凧祭りで見たから。
男：君、凧のショーを見に行ったの？
女：ええ。
男：それじゃ、動物ショーやサーカスよりもおもしろいに違いないね？
女：そうよ。凧祭りではいろんな凧がいっぱい。マッチ箱より小さいものや、何十メートルという大きいものもあったわ。十数人でやっと飛ばすことができる龍のかたちの凧など、あなた見たことがないでしょう？
男：見たことがないよ。おもしろそうだね。明日僕たちも凧を揚げに行こうよ。

31　正解 [B]

選択肢　A　比手掌大　　　　　　　B　没手掌大
　　　　C　比火柴盒小　　　　　　D　比火柴盒大

和　訳　A　手のひらより大きい　　B　手のひらほど大きくない
　　　　C　マッチ箱より小さい　　D　マッチ箱より大きい

放送内容　女的的风筝有多大？

和訳　女性の凧はどのくらいの大きさですか？

| 32 | 正　解 [C] |

選択肢　A　看动物比赛　　　　　　B　看歌舞比赛
　　　　C　看风筝表演　　　　　　D　看杂技表演

和　訳　A　動物ショーを見に行った　　B　ミュージカルを見に行った
　　　　C　凧のショーを見に行った　　D　サーカスを見に行った

放送内容 女的昨天做什么了？

和訳 女性は昨日、何をしましたか？

| 放送内容 | 第33到34题是根据下面一段对话：
男：你最近忙什么呢？
女：白天忙单位的事，下班就去跟教练学车。
男：你买车了吗？
女：还没买，只是有这个想法。我想再等等，听说车还会再降价。
男：有可能。你丈夫也学开车了吗？
女：他没学。
男：为什么呢？
女：他工作太忙了，没时间学。 |
|---|---|
| 和訳 | 問33～問34までは以下の会話から出題されます。
男：最近どうして忙しいの？
女：昼間は仕事だし、仕事が終わってから教習所に行くので忙しいの。
男：車買ったの？
女：いいえ、でも買いたいわ。これからもっと値下げになると聞いたから、もう少し待ってみるけど。
男：そうだね。ご主人は車の運転を習ったの？
女：習ってないわ。
男：どうして？
女：仕事が忙しくて、習う時間がないからよ。 |

33 正解 [B]

選択肢　A　加班　　　　　　　　B　学车
　　　　C　健身　　　　　　　　D　买车

和　訳　A　残業　　　　　　　　B　車の運転を学ぶ
　　　　C　体を鍛える　　　　　D　車を買う

放送内容	女的下班后做什么？
和訳	女性は仕事が終わった後、何をしていますか？

34 正解 [C]

選択肢　A　不想学　　　　　　　B　学费太贵
　　　　C　没有时间　　　　　　D　买了新车再学

和　訳　A　学びたくないから　　B　学費が高すぎるから
　　　　C　時間がないから　　　D　新しい車を買ってから学ぶから

放送内容	女的的丈夫为什么没学开车？
和訳	女性の夫はどうして車の運転を習わないのですか？

放送内容 第35到36题是根据下面一段话：
昨天我为自己买了一件大红色的羽绒服。其实，我们去的那家商店，这种样子的羽绒服有很多种颜色，可我一眼就看上了这件大红色的。我上大学以前还从来没有穿过这么红的衣服，在我的老家很少有人穿得这么鲜艳。上大学以后，我看到校园里同学们衣服都非常鲜艳，个个都那么精神，真让人羡慕！我常常想，自己又不老，为什么不能像她们一样穿得漂亮点儿呢？

和訳 問35～問36までは以下の話から出題されます。
昨日、私は自分用の真っ赤なダウンジャケットを買いました。実際、私が買った店には、この形でさまざまな色のダウンジャケットがたくさんありましたが、私はこの真っ赤なものを見た瞬間、気に入りました。大学に入学する前には、こんなに赤い服を着たことがなかったし、故郷でもこんな鮮やかな色の服を着る人はめったにいません。大学に入ってからは、キャンパスの同級生の服が鮮やかで、みんな元気に満ちていて本当にうらやましいと感じました。そして、自分はまだ若いのだから彼女たちのようなきれいな服を着てもいいのでは？　といつも思うようになりました。

35 正解 [C]

選択肢　A 很便宜　　　　B 很暖和
　　　　C 很鲜艳　　　　D 只有红色

和　訳　A 安かったから　　　　B 暖かいから
　　　　C 鮮やかだから　　　　D 赤色しかないから

放送内容 说话人为什么买了红色的羽绒服？

和訳 話し手はどうして赤いダウンジャケットを買ったのですか？

36 正解 [A]

選択肢　A 衣服都很鲜艳　　　　B 学习成绩优秀
　　　　C 身体十分健康　　　　D 业余生活丰富

和　訳　A 衣服が鮮やかなこと　　　B 学習成績が優秀なこと
　　　　C 体がとても健康なこと　　D 余暇活動が多いこと

放送内容 说话人羡慕别的同学什么？

和訳 ほかの同級生の何に対して話し手はうらやましいと感じているのですか？

放送内容　第37到38题是根据下面一段话：
现代人，无论大人还是孩子，每天都忙忙碌碌地生活着。我朋友的儿子今年六岁了，暑假期间，他每天下午都去少年宫学一个小时的乒乓球，每个星期六上午还要到音乐学校学一个小时的小提琴。通过这样的学习，孩子得到了体育锻炼和音乐的熏陶。朋友的妻子每天晚上7点到9点到服装学院学习服装设计，既充实了自己，又美化了生活。

和訳　問37～問38までは以下の話から出題されます。
大人や子供に関係なく、現代人は毎日慌ただしい生活を送っています。私の友人の息子さんは今年6歳ですが、夏休みにその子は毎日午前に少年宮に行き1時間卓球を習います。そして、毎週土曜日の午前中には、音楽教室で1時間バイオリンを学んでいます。このような学習を通じて、子供はスポーツのトレーニングと音楽の薫陶を受けることになります。友人の奥さんは毎晩7時から9時まで服装学院でファッションデザインを勉強していますが、それは自分の充実感を得るためと生活をより豊かにするためです。

37　正解 [B]

選択肢　A　每天下午　　　　B　暑假期间
　　　　C　每天上午　　　　D　每星期六

和訳　　A　毎日午後　　　　B　夏休み期間
　　　　C　毎日午前　　　　D　毎週土曜日

放送内容　朋友的儿子什么时候去学乒乓球？
和訳　　友人の息子はいつ卓球を習いに行くのですか？

38　正解 [A]

選択肢　A　锻炼身体　　　　B　放松自己
　　　　C　充实自己　　　　D　美化生活

和訳　　A　体のトレーニング　　B　リラックスすること
　　　　C　自己充実感　　　　　D　生活を豊かにすること

放送内容　下列哪项是朋友的儿子学习的收获？
和訳　　以下の項目で友人の息子が得たものは何ですか？

放送内容 第39到42题是根据下面一段话：
我是天津人，来自北京大学外语系，学习的是法语专业，现在大四。我的父亲是一位外语教师，母亲是一位从事法国文学研究的教授。受父母的影响，我从小就对法国的语言、文学和文化很感兴趣。后来上大学的时候，我有幸作为一名文化交流生到法国学习了三个月。在这三个月中，我深深地被法国的建筑、服装、饮食和娱乐等各方面的文化所吸引。所以，毕业后我打算申请出国留学，到法国继续学习、深造。

和訳 問39～問42までは以下の話から出題されます。
私は天津出身で、現在は北京大学外国語学部フランス語専攻の大学4年生です。父は外国語の教師で、母はフランス文学を研究する教授です。父母の影響から、私は小さい時からフランスの言葉や文学、文化に興味をもっていました。後に大学に入り、幸いにも文化交流生としてフランスへ3カ月学習する機会を得られました。その3カ月間、私はフランスの建築物、ファッション、グルメおよび娯楽などの多方面の文化に魅了されました。ですから、卒業後、より深い研究のため、フランス留学の申請を行うつもりです。

39 正解 [C]

選択肢　A 作产品宣传　　　　　B 跟朋友谈话
　　　　C 作自我介绍　　　　　D 回答老师提问

和　訳　A 商品広告を作っている　B 友人と話している
　　　　C 自己紹介をしている　　D 先生の質問に答えている

放送内容 说话人现在可能在做什么？
和訳 話し手は今、何をしていますか？

40 正解 [A]

選択肢　A 法语　　　　　　　　B 英语
　　　　C 文化　　　　　　　　D 建筑

和　訳　A フランス語　　　　　B 英語
　　　　C 文化　　　　　　　　D 建築

放送内容 说话人学的是什么专业？
和訳 話し手が学んでいる専攻は何ですか？

| 41 | 正 解 [**D**] |

選択肢　A　法国建筑专家　　　　　　B　法国文化专家
　　　　C　法国经济学家　　　　　　D　法国文学教授

和　訳　A　フランス建築専門家　　　B　フランス文化専門家
　　　　C　フランス経済学者　　　　D　フランス文学教授

> 放送内容　说话人的母亲是做什么的？
>
> 和訳　話し手の母は何をしていますか？

| 42 | 正 解 [**A**] |

選択肢　A　去法国留学
　　　　B　学习法国建筑
　　　　C　研究法国服饰
　　　　D　研究法国文化

和　訳　A　フランスへ留学する
　　　　B　フランス建築を学ぶ
　　　　C　フランスファッションを研究する
　　　　D　フランス文化を研究する

> 放送内容　说话人毕业后打算做什么？
>
> 和訳　話し手は卒業後、何をするつもりですか？

放送内容 第43到45题是根据下面一段话：
有个叫张文举的农民，从小就梦想成为一名作家，为此，他坚持每天写作3000字。尽管他很勤奋，可从来没有一篇文章发表，甚至连退稿信都没有收到过。但他没有放弃，咬紧牙关在这块田园里努力耕作了十年。
29岁那年，张文举意外地接到了一个电话。那是他多年来一直坚持投稿的杂志的编辑打来的。编辑说："看得出你是一位很努力的青年，但我不得不遗憾地告诉你，你的知识面还太窄，生活经历也还太少。不过我从你多年的来稿中发现，你的钢笔字写得越来越好……"
一番恳切的话语，打动了张文举的心。于是他放弃了写作，专心练习硬笔书法，现在已经成为了一位很有名气的硬笔书法家。

和訳 問43～問45までは以下の話から出題されます。
張文挙という農民がいました。彼は小さいころから作家になるのが夢でした。そのため、彼は毎日3000字の文章を書き続けていました。彼は非常に勤勉でしたが、これまで一篇の文章も発表されたことがなく、不採用通知さえ受け取ったことがありません。それでも彼はあきらめず、歯をくいしばり、この道で10年間努力し続けました。
29歳の時に、張文挙は思いがけない電話をもらいました。それは彼が長年投稿し続けていた雑誌の編集者からの電話でありました。編集者の方は「あなたはとても頑張り屋の青年のようですね。しかし残念なことを言わなければなりません。あなたの知識はまだ浅く、かつ生活経験も乏しい。しかし私はあなたの長年の投稿から、あなたの書いた字が次第にうまくなってきたのに気付きました…」と述べました。
この誠意ある話は、張文挙の心を動かしました。そこで彼は文章を書くのをあきらめ、硬筆の書道に取り組み始めました。その結果、今や彼はとても有名な硬筆の書家となりました。

| 43 | 正　解 [C] |

選択肢　A　种田
　　　　B　编杂志
　　　　C　当作家
　　　　D　练书法

和　訳　A　農作業をすること
　　　　B　雑誌の編集
　　　　C　作家になること
　　　　D　書道の練習

放送内容　张文举从小的理想是什么?

和訳　張文挙が子供のころになりたかった職業は何ですか？

| 44 | 正　解 [D] |

選択肢　A　一位青年
　　　　B　一位作家
　　　　C　一位书法家
　　　　D　杂志的编辑

和　訳　A　ある青年
　　　　B　ある作家
　　　　C　ある書家
　　　　D　雑誌の編集者

| 放送内容 | 电话是谁打来的? |
| 和訳 | 誰から電話がありましたか？ |

| 45 | 正解 [C] |

選択肢　A　努力种地
　　　　B　朋友间相互学习
　　　　C　杂志编辑的引导
　　　　D　每天坚持写3000个字

和　訳　A　努力して耕作した
　　　　B　友人同士で相互学習をした
　　　　C　雑誌編集者の導きで
　　　　D　毎日3000字を書き続けた

放送内容　张文举是怎样成为硬笔书法家的？

和訳　張文挙はどのようにして硬筆の書家になりましたか？

放送内容　听力考试现在结束。

和訳　聴解試験はこれで終了です。

第2回

第3回

（三）听　力

第 一 部 分

第1-20题：请选出正确答案。

1. A 玛丽写了名字 　　　　　B 男的和玛丽是同学
   C 男的帮玛丽写的作文 　　D 男的熟悉玛丽的笔迹

2. A 儿童 　　　　　　　　　B 老人
   C 姑娘 　　　　　　　　　D 小伙子

3. A 不高兴 　　　　　　　　B 没把握
   C 没兴趣 　　　　　　　　D 很肯定

4. A 下星期要考试 　　　　　B 女的帮助男的考试
   C 女的昨天没来上课 　　　D 女的不想参加考试

5. A 绿茶 　　　　　　　　　B 红茶
   C 花茶 　　　　　　　　　D 乌龙茶

6. A 不知道号码 　　　　　　B 忘了打电话
   C 小李电话关机 　　　　　D 小李电话坏了

7. A 儿子十岁了 　　　　　　B 儿子很努力
   C 儿子得了奖 　　　　　　D 儿子买了钢琴

8. A 结婚 　　　　　　　　　B 生孩子
   C 锻炼身体 　　　　　　　D 努力工作

9. A 孩子不听话 　　　　　　B 孩子想去西边
   C 孩子找不到方向 　　　　D 对孩子管得太严

10. A 喜欢开会 　　　　　　　B 喜欢放假
    C 不喜欢开会 　　　　　　D 不喜欢放假

11. A 编辑 　　　　　　　　　B 班主任
    C 检察官 　　　　　　　　D 交通警察

12. A 邮寄速度很慢 　　　　　B 男的在邮局工作
    C 女的现在要去邮局 　　　D 取包裹要带身份证

13. A 医生 　　　　　　　　　B 老板
　　 C 教师 　　　　　　　　　D 海员

14. A 相信 　　　　　　　　　B 怀疑
　　 C 高兴 　　　　　　　　　D 拒绝

15. A 女的天天去打拳　　　　　B 男的天天去打拳
　　 C 那个公园比较大　　　　　D 男的从不去公园

16. A 火车晚点了　　　　　　　B 女的明天离开
　　 C 女的暂时不走　　　　　　D 女的八点出发

17. A 女的被录取了　　　　　　B 女的在打电话
　　 C 女的能力还不够　　　　　D 男的不相信女的

18. A 同学 　　　　　　　　　B 师生
　　 C 亲戚 　　　　　　　　　D 邻居

19. A 生活与工作　　　　　　　B 时间与效率
　　 C 学习与生活　　　　　　　D 工作与休息

20. A 生病了 　　　　　　　　B 生气了
　　 C 哭了一夜　　　　　　　　D 没休息好

第二部分

第21-45题：请选出正确答案。

21. A 多睡觉　　　　　　　　　B 多运动
    C 多吃蔬菜　　　　　　　　D 多吃水果

22. A 没带伞　　　　　　　　　B 雨太大
    C 伞太小　　　　　　　　　D 伞借给了别人

23. A 修车　　　　　　　　　　B 开车
    C 翻译文件　　　　　　　　D 准备开会

24. A 超市　　　　　　　　　　B 书店
    C 饭店　　　　　　　　　　D 菜市场

25. A 去图书馆　　　　　　　　B 去电影院
    C 去教学楼　　　　　　　　D 待在宿舍

26. A 教师　　　　　　　　　　B 农民
    C 商人　　　　　　　　　　D 工人

27. A 不认识了　　　　　　　　B 有事忘了
    C 身体不舒服　　　　　　　D 不想跟女的一起去

28. A 怀疑　　　　　　　　　　B 鼓励
    C 批评　　　　　　　　　　D 称赞

29. A 要上课　　　　　　　　　B 要做作业
    C 想早睡觉　　　　　　　　D 要预习新课

30. A 上课后　　　　　　　　　B 晚饭后
    C 晚饭前　　　　　　　　　D 星期天

31. A 吃过了　　　　　　　　　B 没进球
    C 太累了　　　　　　　　　D 没看完

32. A 男的还不饿　　　　　　　　B 男的很高兴
    C 男的是球迷　　　　　　　　D 女的是球迷

33. A 银行　　　　　　　　　　　B 火车站
    C 图书馆　　　　　　　　　　D 文具店

34. A 害怕堵车　　　　　　　　　B 还要上班
    C 去取借书证　　　　　　　　D 多看会儿书

35. A 把牛给狮子　　　　　　　　B 把羊给狮子
    C 把兔子给狮子　　　　　　　D 把猎物都给狮子

36. A 狼不尊敬狮子　　　　　　　B 狮子脾气不好
    C 狮子想吃掉狼　　　　　　　D 狮子对分配不满意

37. A 怕马健成为作家　　　　　　B 让马健成歌唱家
    C 觉得马健太辛苦　　　　　　D 想让马健多挣钱

38. A 不喜欢打扑克了　　　　　　B 和女朋友分手了
    C 发表了很多文章　　　　　　D 不再看书、写作了

39. A 战国时期　　　　　　　　　B 春秋时期
    C 三国时期　　　　　　　　　D 北宋时期

40. A 骑马　　　　　　　　　　　B 买盐
    C 研究马　　　　　　　　　　D 推荐人才

41. A 出国访问　　　　　　　　　B 调查民情
    C 买千里马　　　　　　　　　D 购买食盐

42. A 马的身高　　　　　　　　　B 马的皮毛
    C 马的眼睛　　　　　　　　　D 马的叫声

43. A 1972 年
    C 1998 年
    B 1992 年
    D 2008 年

44. A 长野冬奥会
    C 北京奥运会
    B 悉尼奥运会
    D 巴塞罗那奥运会

45. A 1972 年
    C 1998 年
    B 1992 年
    D 2008 年

第3回

| 第3回 | 第一部分 | 問題 P.86 | 0301.mp3 |

放送内容
大家好！欢迎参加HSK（五级）考试。
大家好！欢迎参加HSK（五级）考试。
大家好！欢迎参加HSK（五级）考试。
HSK（五级）听力考试分两部分，共45题。
请大家注意，听力考试现在开始。

和訳
こんにちは。HSK5級テストへようこそ。
こんにちは。HSK5級テストへようこそ。
こんにちは。HSK5級テストへようこそ。
HSK(5級)聴解試験は2部分あり、合計45問です。
ただ今から聴解試験を始めます。注意して聞いてください。

放送内容
第一部分
第1到20题，请选出正确答案。现在开始第1题：

和訳
第1部分
問1～問20について、正しい答えを選んでください。ただ今から問1を始めます。

問題用紙
第1-20题：请选出正确答案。

和訳
問1～問20：正しい答えを選んでください。

01 正解 [D]

選択肢　A　玛丽写了名字
　　　　B　男的和玛丽是同学
　　　　C　男的帮玛丽写的作文
　　　　D　男的熟悉玛丽的笔迹

和　訳　A　メアリーが名前を書いていたから
　　　　B　男性とメアリーはクラスメートだから
　　　　C　男性がメアリーが作文を書くのを手伝ったから
　　　　D　男性はメアリーの筆跡を熟知しているから

放送内容
女：你看看这是谁的作文？没写名字。
男：我看看。这是咱们班玛丽写的，我熟悉她的笔迹。
问：男的为什么说作文是玛丽的？

和訳
女：見て、これは誰の作文？　名前がないわ。
男：どれどれ、これは僕たちのクラスのメアリーが書いたものだ。僕は彼女の筆跡を知っているから。
問：男性はどうして作文はメアリーが書いたものと言ったのですか？

02 正解 [C]

選択肢　A　儿童
　　　　B　老人
　　　　C　姑娘
　　　　D　小伙子

和　訳　A　子供
　　　　B　お年寄り
　　　　C　若い女性
　　　　D　若い男性

放送内容
男：不管男女老少，小宋都喜欢开个玩笑，尤其是跟姑娘们。
女：据我观察，他确实这样。
问：小宋最喜欢跟谁开玩笑？

和訳
男：老若男女に関係なく、宋さんはみんなに冗談を言うのが好きだ。特に若い女性にね。
女：私が見たところ、彼は確かにそうね。
問：宋さんは誰に冗談を言うのが好きですか？

03 正解 [B]

選択肢　A　不高兴
　　　　B　没把握
　　　　C　没兴趣
　　　　D　很肯定

和　訳　A　不機嫌である
　　　　B　自信がない
　　　　C　興味がない
　　　　D　明確である

放送内容
女：这件事就全拜托您了，您一定要帮帮我。
男：我尽力吧，但不能保证肯定能办成。
问：男的是什么态度？

和訳
女：このことはあなたに全部お任せします。ぜひお力を貸してください。
男：できるだけのことはします。しかし成功できるかどうかは保証できません。
問：男性はどういった態度ですか？

04 正解 [A]

選択肢　A　下星期要考试
　　　　B　女的帮助男的考试
　　　　C　女的昨天没来上课
　　　　D　女的不想参加考试

和　訳　A　来週試験がある
　　　　B　女性は男性の試験を手伝う
　　　　C　女性は昨日授業に出席しなかった
　　　　D　女性は試験を受けたくない

放送内容
男：我怎么不知道下星期要考试？
女：昨天上课的时候老师说的，你没来，当然不知道。
问：根据对话，可以知道什么？

和訳
男：来週試験があるってこと、僕は聞いていないよ。
女：昨日の授業中に先生が言っていたよ。あなた来てないのだから、当然知っているわけないよ。
問：この会話から分かることは何ですか？

05 正解 [A]

選択肢　A　绿茶
　　　　B　红茶
　　　　C　花茶
　　　　D　乌龙茶

和　訳　A　緑茶
　　　　B　紅茶
　　　　C　ジャスミン茶
　　　　D　ウーロン茶

放送内容
女：我们店的红茶最有名，乌龙茶也卖得不错。还有绿茶，可以防癌。您要哪种？
男：乌龙茶和红茶我都喝不惯，绿茶还好。
问：男的最可能买什么茶？

和訳
女：当店では紅茶が最も有名ですが、ウーロン茶もよく売れております。それから緑茶はガン予防にも効果的です。どのお茶になさいますか？
男：ウーロン茶と紅茶は飲み慣れていないので、緑茶がいいかな。
問：男性は何のお茶を買ったと思われますか？

06 正解 [C]

選択肢　A　不知道号码
　　　　B　忘了打电话
　　　　C　小李电话关机
　　　　D　小李电话坏了

和　訳　A　電話番号が分からないから
　　　　B　電話するのを忘れていたから
　　　　C　李君が電話をオフにしていたから
　　　　D　李君の電話が壊れていたから

放送内容
男：你通知小李下午开会了吗？
女：给他打电话，一直关机，联系不上。
问：女的为什么没通知到小李？

和訳
男：君、李君に午後会議があることを伝えた？
女：彼に電話しているのですが、ずっと電源をオフにしているため、連絡が取れません。
問：どうして女性は李君に伝えていないのですか？

07 正解 [C]

選択肢　A 儿子十岁了
　　　　B 儿子很努力
　　　　C 儿子得了奖
　　　　D 儿子买了钢琴

和　訳　A 息子が10歳になったから
　　　　B 息子が努力していたから
　　　　C 息子が受賞したから
　　　　D 息子がピアノを買ったから

放送内容
女：你今天怎么这么高兴?
男：我儿子学习钢琴已经十年了，一直很努力，最近参加钢琴比赛得了一等奖。
问：男的为什么高兴?

和訳
女：あなた、今日はどうしてそんなにうれしそうなの？
男：息子はピアノを学んで既に10年になるんだけれど、ずっと努力してきて、最近ピアノコンテストで1等賞を獲得したんだ。
問：男性はどうしてうれしそうなのですか？

08 正解 [A]

選択肢　A 结婚
　　　　B 生孩子
　　　　C 锻炼身体
　　　　D 努力工作

和　訳　A 結婚
　　　　B 出産
　　　　C 体を鍛えること
　　　　D 努力して仕事すること

放送内容
男：听说最近有人给你介绍了一个男朋友，你为什么没去见面呢?你父母不是一直催你结婚吗?
女：我最近工作真的很忙，哪有时间和精力去想这些事啊!
问：女的的父母催她做什么?

和訳
男：最近君は男性を紹介されたそうだけれど、どうして会いに行かなかったの？　君の両親は君に結婚を促しているじゃないか？
女：私最近、本当に仕事で忙しいの。そんなことに費やす時間やエネルギーなんてどこにあるの！
問：女性の両親は彼女に何を促していますか？

09 正解 [A]

選択肢　A　孩子不听话
　　　　B　孩子想去西边
　　　　C　孩子找不到方向
　　　　D　对孩子管得太严

和　訳　A　子供が話を聞かないこと
　　　　B　子供が西に行きたいこと
　　　　C　子供が方向を見つけられないこと
　　　　D　子供に対して厳しすぎること

放送内容
女：我家孩子最近也不知道怎么了，叫他往东，他偏往西。
男：别担心，过了这个年龄段就会好一些。你也不要管得太严了。
问：女的在担心什么？

和訳
女：あの子、最近どうしたのかしら。人の言うことにいつも反抗するので。
男：心配するな。その年代をすぎるとよくなるから。君もあまり厳しく接するな。
問：女性の心配事は何ですか？

10 正解 [C]

選択肢　A　喜欢开会
　　　　B　喜欢放假
　　　　C　不喜欢开会
　　　　D　不喜欢放假

和　訳　A　会議が好きだ
　　　　B　休暇が好きだ
　　　　C　会議が好きではない
　　　　D　休暇が好きではない

放送内容
男：你这份工作也太辛苦了吧，连个假期都没有。
女：放不放假我倒无所谓，只要别叫我开会就行。
问：女的是什么意思？

和訳
男：君の仕事もきつそうだね、休暇さえもないからね。
女：休暇があるかないかは、どうでもいいわ。会議さえなければそれでいいわ。
問：女性の言葉の意味は何ですか？

11 正解 [D]

選択肢 A 编辑
B 班主任
C 检察官
D 交通警察

和 訳 A 編集者
B クラスの担任教師
C 検察官
D 交通取り締まりの警察官

放送内容
女：对不起，我不是故意闯红灯的，您就高抬贵手吧。
男：咱们公事公办，请把你的驾驶执照拿出来。
问：男的最可能是做什么的？

和訳
女：すみません、私はわざと信号無視したわけではないのです。今回だけは見逃してください。
男：我々は公平に処理しなければなりませんので。免許証を見せてください。
問：男性の仕事は何だと思われますか？

12 正解 [A]

選択肢 A 邮寄速度很慢
B 男的在邮局工作
C 女的现在要去邮局
D 取包裹要带身份证

和 訳 A 郵送が遅い
B 男性は郵便局で働いている
C 女性は今、郵便局へ行こうとしている
D 小包を受け取るには身分証が必要である

放送内容
男：您的包裹到了，请您带上身份证尽快来邮局取一下。
女：真是太快了，我马上去取。
问：根据对话，下列哪项不正确？

和訳
男：小包が届きました。身分証を持参してできるだけ早めに郵便局まで取りに来てください。
女：本当に早かったですね。すぐに取りに行きます。
問：この会話について、以下のどれが間違いですか？

| 13 | 正 解 [A] |

選択肢　A　医生
　　　　B　老板
　　　　C　教师
　　　　D　海员

和　訳　A　医師
　　　　B　経営者
　　　　C　教師
　　　　D　船員

放送内容
女：你原来当大夫当得挺好的，为什么下海了呢?
男：唉，做了两年生意，我觉得自己没那个本事，现在又回去工作了。
问：男的现在做什么工作?

和訳
女：あなたはもともとお医者さんだったのに、どうして商売を始めたのですか？
男：ああ、2年間商売をしたけど、その能力がないと分かり、それで今は元の仕事に戻ったのです。
問：男性の今の仕事は何ですか？

| 14 | 正 解 [B] |

選択肢　A　相信
　　　　B　怀疑
　　　　C　高兴
　　　　D　拒绝

和　訳　A　信じる
　　　　B　懐疑
　　　　C　うれしい
　　　　D　拒絶

放送内容
男：小李好像很喜欢你。
女：不可能，他怎么会喜欢我呀?
问：女的是什么语气?

和訳
男：李君は君のことが好きみたいだね。
女：まさか！　どうして彼は私のことが好きなの？
問：女性はどういった口ぶりですか？

15 正解 [B]

選択肢　A　女的天天去打拳
　　　　B　男的天天去打拳
　　　　C　那个公园比较大
　　　　D　男的从不去公园

和　訳　A　女性は毎日、太極拳をしに行く
　　　　B　男性は毎日、太極拳をしに行く
　　　　C　その公園は比較的大きい
　　　　D　男性は今まで公園に行ったことがない

放送内容
女：听说学校附近那个小公园每天早上有很多人打太极拳。
男：没错。我现在也成了他们中的一员了。
问：根据对话，可以知道什么？

和訳
女：学校の近くのあの公園で毎朝多くの人が太極拳をしているようね。
男：その通り。僕も今、そのメンバーになったんだ。
問：この会話から分かることは何ですか？

16 正解 [C]

選択肢　A　火车晚点了
　　　　B　女的明天离开
　　　　C　女的暂时不走
　　　　D　女的八点出发

和　訳　A　列車が遅れた
　　　　B　女性は明日旅立つ
　　　　C　女性はしばらく行かない
　　　　D　女性は8時に出発する

放送内容
男：你不是要坐八点的火车吗？怎么还在这儿？
女：我刚接到电话，有新的任务，需要在这儿再待几天。
问：根据对话，可以知道什么？

和訳
男：君は8時の列車に乗るんじゃなかった？　どうしてまだここにいるの？
女：さっき電話があり、新しい任務でここに数日いなければならないのよ。
問：この会話から分かることは何ですか？

| 17 | 正解 [A] |

選択肢　A　女的被录取了
　　　　B　女的在打电话
　　　　C　女的能力还不够
　　　　D　男的不相信女的

和　訳　A　女性は採用された
　　　　B　女性は今電話をしている
　　　　C　女性の能力はまだ足りない
　　　　D　男性は女性を信じていない

放送内容
女：刚才公司打电话通知我，我被录取了。
男：你看我说对了吧! 我一直相信你有这个能力。
问：根据对话，可以知道什么?

和訳
女：さっき会社から電話があって、私は採用されたわ。
男：ほら、僕が言ったとおりだ！　僕は君がこの能力があること、ずっと信じていたよ。
問：この会話から分かることは何ですか？

| 18 | 正解 [A] |

選択肢　A　同学
　　　　B　师生
　　　　C　亲戚
　　　　D　邻居

和　訳　A　クラスメート
　　　　B　教師と学生
　　　　C　親戚
　　　　D　近所

放送内容
男：你的课堂笔记整理好了吗? 借我看一下吧。
女：老师讲的内容太多了，哪能这么快整理好?
问：他们可能是什么关系?

和訳
男：君、ノートちゃんと整理している？　ちょっと貸してよ。
女：先生の講義内容が多すぎるわ。そんなに早く整理できるわけないでしょう？
問：彼らはどんな関係だと思われますか？

| 19 | 正　解 [B] |

選択肢　A　生活与工作
　　　　B　时间与效率
　　　　C　学习与生活
　　　　D　工作与休息

和　訳　A　生活と仕事
　　　　B　時間と効率
　　　　C　学習と生活
　　　　D　仕事と休み

放送内容
女：有的人在相同的时间里，可以比别人多做一两倍的事情。
男：也有的人时间用得不少，却做不了几件事。
问：他们在谈论什么？

和訳
女：ある人は同じ時間内で、ほかの人がする2倍のことをすることができるわ。
男：でも、時間をかけてもできない人もいるよ。
問：彼らは何について話してますか？

| 20 | 正 解 | **D** |

選択肢　A　生病了
　　　　B　生气了
　　　　C　哭了一夜
　　　　D　没休息好

和　訳　A　病気になった
　　　　B　怒った
　　　　C　一晩中泣いていた
　　　　D　よく休んでいない（よく眠れていない）

放送内容
男：你怎么了? 好像很累的样子。
女：邻居家孩子哭了一夜，吵得我没睡好。
问：女的怎么了?

和訳
男：どうしたの？　お疲れのようだが。
女：近所の子供が一晩中泣いていて、うるさくてよく寝ていないの。
問：女性はどうしましたか？

第3回 第二部分　　問題 P.88　　0302.mp3

放送内容
第二部分
第21到45题，请选出正确答案。现在开始第21题：

和訳
第2部
問21〜問45について、正しい答えを選んでください。ただ今から問21を始めます。

問題用紙
第21-45题：请选出正确答案。

和訳
問21〜45：正しい答えを選んでください。

| 21 | 正 解 [A] |

選択肢　A　多睡觉
　　　　B　多运动
　　　　C　多吃蔬菜
　　　　D　多吃水果

和　訳　A　よく寝ること
　　　　B　よく運動すること
　　　　C　よく野菜を食べること
　　　　D　よく果物を食べること

放送内容
女：医生，我的身体没什么大毛病吧？
男：没事，就是血压有点儿高，体重超重。你平时要多运动，比如跑步、游泳什么的。
女：需要吃药吗？
男：不用，多吃水果、蔬菜就可以了。
问：根据对话，下列哪项不是医生的建议？

和訳
女：先生、私は何か大病にかかっているのではないですよね？
男：大丈夫です。ただ少し血圧が高く、太りすぎなだけです。普段からジョギング、水泳など多めの運動をしてください。
女：薬を飲む必要がありますか？
男：必要ないです。果物や野菜を多めに摂れば大丈夫です。
問：この会話から医師が忠告していない項目はどれですか？

22 正解 [C]

選択肢　A　没带伞
　　　　B　雨太大
　　　　C　伞太小
　　　　D　伞借给了别人

和　訳　A　傘を持っていなかったから
　　　　B　雨がとても強かったから
　　　　C　傘が小さすぎたから
　　　　D　他人に傘を貸したから

放送内容
男：你左边的衣服全湿了，你不是带雨伞了吗？
女：小王今天没带伞，我俩一起打伞回来的，所以衣服的一边都湿了。
男：看来以后得买把大点儿的伞。
女：是呀。
问：女的衣服为什么湿了？

和訳
男：君の服の左側、全部濡れているよ。傘持っていたでしょう？
女：今日、王君が傘を持っていなかったので、私たちは2人で1つの傘を使って帰って来たの。だから服の片方だけ濡れてしまったの。
男：これからは少し大きめの傘を買った方がよさそうだね。
女：そうね。
問：女性の服はどうして濡れたのですか？

23 正解 [C]

選択肢　A　修车
　　　　B　开车
　　　　C　翻译文件
　　　　D　准备开会

和　訳　A　車の修理
　　　　B　車の運転
　　　　C　文書翻訳
　　　　D　会議の準備

放送内容
女：王秘书，请你把这份文件翻译成英文。
男：经理，您什么时候要？
女：明天上午9点开会以前给我吧。
男：好的。我今晚开会儿夜车应该可以翻译完。
问：男的今天晚上要做什么？

和訳
女：王さん、この文章を英語に翻訳してください。
男：部長、いつ必要でしょうか？
女：明日午前9時の会議前までにお願いします。
男：かしこまりました。今晩少し残業して翻訳すれば終わると思います。
問：男性は今晩何をしますか？

24 正解 [C]

選択肢　A　超市
　　　　B　书店
　　　　C　饭店
　　　　D　菜市场

和　訳　A　スーパーマーケット
　　　　B　書店
　　　　C　レストラン
　　　　D　市場

放送内容
男：服务员，请把菜谱给我。
女：给您，前两页是我们的特色菜。先生，您现在点吗？
男：等一下，让我先看看。
女：等您选好了，随时可以叫我。
问：他们最可能在哪儿？

和訳
男：すみません、メニューを見せてください。
女：どうぞ。最初の2ページは当店のスペシャルメニューとなります。ご注文なさいますか？
男：ちょっと待って。まずメニューを見せてください。
女：では、ご注文がお決まりになりましたらお呼びください。
問：彼らはどこにいると思われますか？

25 正解 [A]

選択肢　A　去图书馆
　　　　B　去电影院
　　　　C　去教学楼
　　　　D　待在宿舍

和　訳　A　図書館に行く
　　　　B　映画館に行く
　　　　C　教室棟に行く
　　　　D　宿舎にいる

放送内容
女：外边真冷呀，雪还在不停地下。
男：我本来想去借本书回来看，可外边这么冷，我又不想出去了。
女：那你下午有什么安排？
男：干脆待在宿舍里看电视吧。
问：男的原来打算做什么？

和訳
女：外は寒いわ、雪はまだ降っているし。
男：僕は本を借りに行こうと思っていたんだけど、外がこんなに寒いと、もう出かけたくなくなったよ。
女：あなたの午後の予定は？
男：もういっそのこと、宿舎でテレビでも見るよ。
問：男性はもともと何をするつもりでしたか？

| 26 | 正　解 | **B** |

選択肢　A　教師
　　　　B　农民
　　　　C　商人
　　　　D　工人

和　訳　A　教師
　　　　B　農民（農業従事者）
　　　　C　商人
　　　　D　工場労働者

放送内容
男：听说你爸爸来了，是吗？
女：是啊。我想带他在北京好好玩玩儿。
男：好不容易来一趟，这次得多住些日子吧。
女：他哪舍得他那几亩麦子啊，才来了一个星期就要回家了！
问：女的爸爸是做什么的？

和訳
男：君のお父さんが来たらしいね、そうなの？
女：ええ。父を北京のいろんなところに連れて行きたいなあ。
男：せっかく来たんだから、今回は長期間滞在するんだよね。
女：でも父は自分が植えた麦のことが気になっているので、1週間後に帰る予定なの。
問：女性のお父さんは何をしている人ですか？

| 27 | 正　解 | **B** |

選択肢　A　不认识了
　　　　B　有事忘了
　　　　C　身体不舒服
　　　　D　不想跟女的一起去

和　訳　A　分からなくなったから
　　　　B　（ほかの）用事で忘れたから
　　　　C　具合が悪かったから
　　　　D　女性と一緒に行きたくなかったから

放送内容
女：咱们不是商量好了，今天下午一起去医院看老师吗？你怎么没去呢？
男：不好意思，下午单位有急事，我把去医院的事忘了。
女：大家以为你出了什么事，都很担心你！
男：对不起，我应该打电话告诉大家一声的。
问：男的为什么没去医院？

和訳
女：私たち約束したじゃない、今日の午後一緒に先生のお見舞いに病院に行くって？　どうして行かなかったの？
男：ごめん、午後、会社で急用があって、病院に行くことを忘れてしまったんだ。
女：みんな、あなたに何かあったに違いないと思って、心配していたのだから！
男：申し訳ない。僕はその時に電話をすべきだったよ。
問：男性はどうして病院に行かなかったのですか？

28 正解 [A]

選択肢　A　怀疑
　　　　B　鼓励
　　　　C　批评
　　　　D　称赞

和　訳　A　懐疑
　　　　B　奨励
　　　　C　批判
　　　　D　称賛

放送内容
男：这个月干下来，我能挣上10万块!
女：反正吹牛也不上税!
男：我是付出了艰苦劳动的，怎么能说是吹牛呢?
女：在没见到你的10万块钱之前，说什么都是空的。
问：女的是什么语气?

和訳
男：今月このままいけば10万元稼ぐことになるよ。
女：口では何とでも言えるわ!
男：僕がこんなにも頑張っているのに、君はどうして僕のことを「ほら吹き」って言うんだ?
女：その10万元を見ていないので、何を言っても無駄よ。
問：女性はどういった口ぶりですか?

29 正解 [B]

選択肢　A　要上课
　　　　B　要做作业
　　　　C　想早睡觉
　　　　D　要预习新课

和　訳　A　授業があるから
　　　　B　やらなければならない宿題があるから
　　　　C　早く寝たいから
　　　　D　新しい課の予習をするから

放送内容
女：今晚没课，咱们去看电影吧。
男：恐怕去不了，我作业还没做完呢。
女：要不写完作业再去，行吗?
男：作业挺多的，做完也就该睡觉了。
问：男的为什么不去看电影?

和訳
女：今晩授業がないので、映画を見に行きましょうよ。
男：たぶん行けない、まだ宿題が終わっていないから。
女：だったら宿題を先にやってから行けばいいんじゃない?
男：宿題が多いんだ。やり終わるころには、もう寝る時間になると思う。
問：男性はどうして映画を見に行かないのですか?

| 30 | 正 解 | [C] |

選択肢　A　上课后
　　　　B　晚饭后
　　　　C　晚饭前
　　　　D　星期天

和　訳　A　授業の後
　　　　B　夕食後
　　　　C　夕食前
　　　　D　日曜日

放送内容
男：今天的作业多不多?
女：多倒是不多，但是还有一篇作文，需要费点儿时间。
男：我做饭的时候你先把其他作业写完，吃了晚饭，再写那篇作文，好吗?
女：我也是这么计划的。
问：现在是什么时候?

和訳
男：今日の宿題は多い？
女：多くはないけれど、それ以外に作文もあるから、ちょっと時間がかかるわ。
男：僕が料理をする時に、君はそのほかの宿題をやれば。食事の後に、その作文をやればいいんじゃない？
女：私もそう思っていたの。
問：今はいつですか？

| 放送内容 | 第31到32题是根据下面一段对话：
女：别看了，快吃晚饭吧。
男：等一会儿，进一个球我就吃饭。
女：现在足球比赛结束了，这回该吃饭了吧。
男：不吃了。
女：为什么呢？
男：踢得太差劲了，一个球都没进！
女：你真是球迷啊！ |
|---|---|
| 和訳 | 問31～問32までは以下の会話から出題されます。
女：見ていないで、早く晩ご飯を食べましょう。
男：ちょっと待って、1点入ったら、ご飯を食べるよ。
女：（しばらくして）今、サッカーの試合が終わったから、食べるでしょう？
男：食べない。
女：どうして？
男：すごく下手で、ひとつもゴールが決まらないから！
女：あなたは本当にサッカー好きなのね。 |

31 正解 [B]

選択肢　A 吃过了　　　　　　　　　B 没进球
　　　　C 太累了　　　　　　　　　D 没看完

和　訳　A 食べたから　　　　　　　B 得点しなかったから
　　　　C とても疲れたから　　　　D 見終わっていないから

放送内容	一开始，男的为什么不吃饭？
和訳	最初、男性はどうして食事をしなかったのですか？

32 正解 [C]

選択肢　A 男的还不饿　　　　　　　B 男的很高兴
　　　　C 男的是球迷　　　　　　　D 女的是球迷

和　訳　A 男性はまだ空腹ではない　　B 男性はとてもうれしい
　　　　C 男性はサッカー好きだ　　　D 女性はサッカー好きだ

放送内容	根据对话，可以知道什么？
和訳	この会話から分かることは何ですか？

放送内容	第33到34题是根据下面一段对话：
	男：咱们快走吧，7点半到8点是上班的高峰时间，晚了肯定堵车。
	女：这就走。早点儿去，还可以多看会儿书。
	男：借书证带了没有？千万别忘了。
	女：你要不说，我还真忘了。
	男：笔记本、钢笔、钱包什么的都带了吗？
	女：该带的都带了。
	男：小心你的钱包。这样放不行，得放好。
	女：谢谢你提醒我。

和訳	問33～問34までは以下の会話から出題されます。
	男：早く行こうよ。7時半から8時までは通勤ラッシュの時間だから、遅れると渋滞に巻き込まれてしまうよ。
	女：すぐ行く。早めに行けば、本を読む時間がもっとあるからね。
	男：図書館カード持った？　絶対忘れないようにね。
	女：あ！　あなたが言わなかったなら、忘れるところだったわ。
	男：ノート、ペン、財布など持った？
	女：持つべきものは全部持ったわ。
	男：財布はそんなところに置いてはダメ、注意しないと。ちゃんとしまわなきゃ。
	女：ご指摘ありがとう。

33　正解 [C]

選択肢　A　银行　　　　　　　　　B　火车站
　　　　C　图书馆　　　　　　　　D　文具店

和　訳　A　銀行　　　　　　　　　B　駅
　　　　C　図書館　　　　　　　　D　文具店

放送内容　他们要去哪儿？

和訳　彼らはどこに行きますか？

34　正解 [A]

選択肢　A　害怕堵车　　　　　　　B　还要上班
　　　　C　去取借书证　　　　　　D　多看会儿书

和　訳　A　渋滞に巻き込まれたくないから
　　　　B　会社にも行かなくてはならないから
　　　　C　図書館カードを取りに行くから
　　　　D　本を読む時間がもっとあるから

放送内容　男的为什么要早点儿出发？

和訳　男性はどうして早めに出かけたいのですか？

| 放送内容 | 第35到36题是根据下面一段话：
有一次，狮子、狼和狐狸一块儿打猎，它们抓到了一只牛、一只羊和一只兔子。狮子叫狼分配食物，狼说："牛又高又大，归君王您；羊中等个儿，给我正合适；兔子小小的，分给狐狸吧。"狮子听了很生气，把狼杀了。狮子又对狐狸说："现在由你分配吧。"狐狸很小心地说："伟大的君王，这是明摆着的事啊！牛是您的午餐，羊是您的晚餐，兔子就给您当早点吧。"狮子高兴地说："你分配得非常合理，我太满足了！" |
|---|---|
| 和訳 | 問35～問36までは以下の話から出題されます。
ある時、ライオン、狼そして狐が一緒に狩りをした。彼らは牛1頭、羊1頭、そしてウサギを1羽捕まえました。ライオンは狼に食べ物を分けようとしました。そこで狼は「牛は背が高く、体も大きいから、これは王様の分です。羊は中ぐらいの大きさだから、自分にぴったりです。ウサギは小さいので、これは狐にあげましょう」と言いました。これを聞いたライオンは怒り、狼を殺してしまいました。ライオンは狐にも「では今度はおまえが分けてみろ」と言いました。狐は気をつかいながら「偉大なる王様、これは言うまでもないことです！ 牛は王様の昼食、羊は王様の夕食、ウサギは王様の朝食です」と言いました。これを聞いたライオンは「おまえの分け方は、とても理にかなっている、余は満足じゃ！」とうれしそうに言いました。 |

35　正解 [A]

選択肢	A 把牛给狮子	B 把羊给狮子
	C 把兔子给狮子	D 把猎物都给狮子
和訳	A ライオンに牛を与えた	B ライオンに羊を与えた
	C ライオンにウサギを与えた	D ライオンに獲物全てを与えた

放送内容	狼是如何分配食物的？
和訳	狼はどのように食べ物を分けようとしましたか？

36　正解 [D]

選択肢	A 狼不尊敬狮子	B 狮子脾气不好
	C 狮子想吃掉狼	D 狮子对分配不满意
和訳	A 狼はライオンを尊敬していなかったから	
	B ライオンの性格が悪いから	
	C ライオンは狼を食べたかったから	
	D ライオンは分け方に不満があったから	

放送内容	狮子为什么杀了狼？
和訳	ライオンはどうして狼を殺したのですか？

放送内容　第37到38题是根据下面一段话：
马健爱好写作，把所有的时间都用了看书、写作上。一段时间下来，在报刊上发表了一些东西。后来，他找到了一个漂亮的女朋友。女朋友看他写得太苦太累，就心疼了，不断地叫他去唱歌、跳舞，后来又带上他和几个朋友打扑克。谁知道，马健渐渐迷上了这玩意儿，一打扑克就打到夜里两三点钟，扑克牌一收，牙也不刷，脚也不洗，上床就睡，把看书、写作的事全都忘到脑后去了。

和訳　問37～問38までは以下の話から出題されます。
馬健の趣味は文章を書くことです。読書や執筆にほとんどの時間を費やしていました。しばらくの努力の後、新聞や雑誌で彼の文章がいくつか発表されました。その後、彼にはきれいな彼女ができました。彼女は彼が執筆している姿を見て、とてもつらそうで可哀そうだと感じました。そのため、彼をしょっちゅう歌に誘ったりダンスへ連れて行ったりするようになり、そして友人たちとトランプをするのに彼も連れていくようになったのです。しかし、思いもよらず馬健はだんだんとこの遊びにのめり込んでしまい、トランプをやり始めると夜中の2、3時まで続け、そしてトランプ遊びが終わると、歯も磨かず脚も洗わないまま、すぐ寝るようになり、読書や執筆のことは、すっかり忘れてしまったのです。

37　正　解 [C]

選択肢　A　怕马健成为作家　　　　B　让马健成歌唱家
　　　　C　觉得马健太辛苦　　　　D　想让马健多挣钱

和　訳　A　馬健に作家になってほしくなかったから
　　　　B　馬健に歌手になってほしかったから
　　　　C　馬健がつらそうだったから
　　　　D　馬健がたくさん稼げるように希望していたから

放送内容　女朋友为什么叫马健去唱歌、跳舞？
和訳　彼女は、どうして馬健を歌や、ダンスに誘ったのですか？

38　正解 [D]

選択肢　A　不喜欢打扑克了　　　B　和女朋友分手了
　　　　C　发表了很多文章　　　D　不再看书、写作了

和　訳　A　トランプをするのが嫌いになった
　　　　B　彼女と別れた
　　　　C　たくさんの文章を発表した
　　　　D　読書も執筆もしなくなった

放送内容　马健后来怎样了?

和訳　馬健はその後どうなりましたか？

放送内容 第39到42题是根据下面一段话：
春秋时期，有一个人叫伯乐，他对马很有研究。有一次，伯乐受国王的委托，购买能日行千里的好马。伯乐对国王说："千里马很少，找起来很难，不过您别急，我会尽力把事情办好的。"
伯乐跑了好几个国家，非常辛苦。一天，伯乐在路上看到一匹马拉着盐车，很吃力地在陡坡上行进，每走一步都十分艰难。伯乐对马向来亲近，就走到马的跟前。马见伯乐走近，突然昂起头来瞪大眼睛，大声嘶鸣，好像要对伯乐倾诉什么。伯乐立刻从声音中判断出，这是一匹难得的好马。

和訳 問39～問42までは以下の話から出題されます。
春秋時代、伯楽という人がいました。彼は馬を見るのに精通していました。ある時、伯楽は1日に千里を走る名馬を購入するようにと国王から委託されました。伯楽は国王に対して「千里を走る馬はめったにいませんので、見つけ出すことは難しいです。しかし焦らないでください、全力を挙げて取り組みますので」と述べました。伯楽は数カ国を駆けずりまわり、とても苦労していました。ある日、彼は道で塩を運搬している馬を見かけました。馬は懸命に坂道を登っていて、前に一歩進むのさえも非常に大変そうでした。伯楽は、いつも馬に親近感を持つので、馬に近づきました。馬は伯楽が来るのを見ると、突然頭をあげ、目を大きく開いて、まるで伯楽に対して何か訴えているかのごとく大きな声で鳴きました。伯楽は、この鳴き声から直ちにこれこそが得難い名馬であると判断したのです。

39 正解 [B]

選択肢　A　战国时期
　　　　B　春秋时期
　　　　C　三国时期
　　　　D　北宋时期

和　訳　A　戦国時代
　　　　B　春秋時代
　　　　C　三国時代
　　　　D　北宋時代

放送内容 伯乐是什么时期的人？

和訳 伯楽はいつの時代の人ですか？

40 正解 [C]

選択肢
- A 骑马
- B 买盐
- C 研究马
- D 推荐人才

和訳
- A 乗馬
- B 塩を買うこと
- C 馬の識別
- D 人材の推薦

放送内容 伯乐擅长做什么?

和訳 伯楽の得意なことは何ですか？

41 正解 [C]

選択肢
- A 出国访问
- B 调查民情
- C 买千里马
- D 购买食盐

和訳
- A 外国を訪問すること
- B 生活実態の調査
- C 千里の馬の購入
- D 食塩の購入

放送内容 国王委托伯乐做什么事?

和訳 国王が伯楽に委託したことは何ですか？

| 42 | 正　解 [**D**] |

選択肢　A　马的身高
　　　　B　马的皮毛
　　　　C　马的眼睛
　　　　D　马的叫声

和　訳　A　馬の背丈
　　　　B　馬の毛
　　　　C　馬の目
　　　　D　馬の鳴き声

放送内容　伯乐是从哪方面判断出拉盐车的马是好马？

和訳　伯楽は塩を運んでいる馬が名馬であると、どこから判断したのですか？

| 放送内容 | 第43到45题是根据下面一段话：
在奥运史上，吉祥物的第一次出现是在1972年慕尼黑奥运会上，此后吉祥物就成为构成一届奥运会形象特征的一部分，每一届奥运会吉祥物的揭晓都会吸引全世界的关注。
1992年巴塞罗那奥运会以前，奥运会吉祥物大多以举办国有特色的动物形象为创作原型，一般是一个物种。此后，奥运会的吉祥物出现了人物，数量也有了变化。1998年长野冬奥会吉祥物有4种，2000年悉尼奥运会有3种，2004年雅典奥运会有2种，而2008年北京奥运会吉祥物更多达5种。不管是什么样的形式，其基本的创作核心是有利于表达当届奥运会的主题，有利于表现主办城市独特的地域特征、历史文化和人文特色，同时有利于市场开发和保护。 |

| 和訳 | 問43〜問45までは以下の話から出題されます。
オリンピックの歴史において、最初にマスコットが登場したのは1972年のミュンヘンオリンピックでした。これ以後、マスコットはオリンピックのイメージプロモーションの一部として、毎回オリンピックが開催されるたびに、マスコットの発表も世界中から注目されるようになりました。
1992年のバルセロナオリンピックより前は、オリンピックマスコットといえば、開催国の特色ある動物キャラクターになることが多く、種類も1種類でした。バルセロナオリンピック以降、オリンピックのキャラクターに人物型が登場し、数も1種類だけとは限らなくなりました。1998年の長野冬季オリンピックのマスコットは4種類、2000年のシドニーオリンピックでは3種類、2004年のアテネオリンピックでは2種類、そして2008年の北京オリンピックのマスコットはもっと多く5種類にまで達しました。どのような形であれ、マスコット創作の核心は、その地で開催されるオリンピックのテーマや開催地の地域特徴、歴史文化などに有益になるように、また、同時に市場開発および（知的財産権の）保護にも有益になるように制作されたのです。 |

43　正　解 [A]

選択肢　A　1972年
　　　　B　1992年
　　　　C　1998年
　　　　D　2008年

和　訳　A　1972年
　　　　B　1992年
　　　　C　1998年
　　　　D　2008年

| 放送内容 | 吉祥物第一次出现在奥运会上是哪一年？ |
| 和訳 | マスコットが初めて登場したオリンピックは何年ですか？ |

| 44 | 正　解 [C] |

選択肢　A　长野冬奥会
　　　　B　悉尼奥运会
　　　　C　北京奥运会
　　　　D　巴塞罗那奥运会

和　訳　A　長野冬季オリンピック
　　　　B　シドニーオリンピック
　　　　C　北京オリンピック
　　　　D　バルセロナオリンピック

放送内容　根据这段话，哪届奥运会上的吉祥物数量最多？

和訳　この話から、どのオリンピックのマスコットが最も多かったですか？

| 45 | 正 解 | [B] |

選択肢　A　1972年
　　　　B　1992年
　　　　C　1998年
　　　　D　2008年

和　訳　A　1972年
　　　　B　1992年
　　　　C　1998年
　　　　D　2008年

放送内容 哪一年奥运会的吉祥物开始出现了人物?

和訳 オリンピックのマスコットで人物型が登場したのは何年ですか？

放送内容 **听力考试现在结束。**

和訳 **聴解試験はこれで終了です。**

第3回

第4回

（四）听　力

第 一 部 分

第1-20题：请选出正确答案。

1. A 赞同 B 命令
   C 反对 D 怀疑

2. A 女的应该点菜 B 女的应该请客
   C 吃什么都可以 D 什么也不想吃

3. A 购物 B 送礼
   C 问候 D 劝解

4. A 女的喝得不多 B 女的可以再喝
   C 女的不能开车 D 不知道女的去哪儿

5. A 很犹豫 B 答应帮忙
   C 觉得很麻烦 D 事情不好办

6. A 在讲价 B 多找了钱
   C 少找了钱 D 找错了钱

7. A 不想参加 B 身体不好
   C 需要出国 D 外出旅游

8. A 女的没有中奖 B 女的经常做梦
   C 女的中了大奖 D 男的非常高兴

9. A 女的记性不好 B 男的记性很好
   C 男的记性不好 D 女的不喜欢男的

10. A 生病了 B 不想上课
    C 要回老家 D 奶奶去世了

11. A 为了找工作 B 考试很容易
    C 喜欢做律师 D 律师工资高

12. A 经常下雨 B 总是阴天
    C 非常闷热 D 经常有雷阵雨

13. A 优惠期还没到 B 菜的原价是 40 元
    C 菜的原价是 50 元 D 男的可以享受特价

14. A 女的家在北京 B 男的不想回去
    C 女的想逛公园 D 男的要吃烤

15. A 不看电视 B 电视剧很好看
    C 电视剧不好看 D 看电视浪费时间

16. A 自私 B 热情
    C 负责 D 关心别人

17. A 同意 B 同情
    C 犹豫 D 拒绝

18. A 男的儿子高中毕业了 B 男的不让孩子考大学
    C 男的儿子要考名牌大学 D 男的儿子学习成绩不好

19. A 高兴 B 难过
    C 肯定 D 怀疑

20. A 女的不爱骑车 B 女的比较马虎
    C 男的爱丢东西 D 女的得了重病

第 二 部 分

第21-45题：请选出正确答案。

21. A 拍照 　　　　　　　　　　B 讨论旅游路线
    C 评论旅游景点 　　　　　　D 欣赏旅游照片

22. A 旅游 　　　　　　　　　　B 养花
    C 照相 　　　　　　　　　　D 逛动物园

23. A 女的不会做饭 　　　　　　B 女的很会做饭
    C 女的每天都做饭 　　　　　D 女的的爱人不爱做饭

24. A 男的经常生病 　　　　　　B 小刘工作出色
    C 小刘是正局长 　　　　　　D 小刘的丈夫升职了

25. A 公园 　　　　　　　　　　B 朋友家
    C 动物园 　　　　　　　　　D 幼儿园

26. A 责备 　　　　　　　　　　B 怀疑
    C 称赞 　　　　　　　　　　D 鼓励

27. A 陪妈妈看病 　　　　　　　B 陪哥哥看病
    C 和哥哥调研 　　　　　　　D 和哥哥旅游

28. A 准备手术 　　　　　　　　B 准备考研
    C 照顾爸爸 　　　　　　　　D 巡回演出

29. A 责备 　　　　　　　　　　B 信任
    C 猜测 　　　　　　　　　　D 担心

30. A 工作 　　　　　　　　　　B 白开水
    C 语言学 　　　　　　　　　D 文学作品

31. A 搬家 　　　　　　　　　　B 装修
    C 锻炼 　　　　　　　　　　D 讨论工作

32. A 男的家后面那座楼　　　　　　B 男的家前面那座楼
    C 男的家右边那座楼　　　　　　D 男的家左边那座楼

33. A 进行家访　　　　　　　　　　B 接他下班
    C 请教问题　　　　　　　　　　D 送还失物

34. A 出租车上　　　　　　　　　　B 男的家里
    C 学校门口　　　　　　　　　　D 汽车公司

35. A 很有文采　　　　　　　　　　B 有些错误
    C 没有错字　　　　　　　　　　D 像感谢信

36. A 被公司骂了　　　　　　　　　B 没找到工作
    C 提醒了公司　　　　　　　　　D 被公司录用了

37. A 教师　　　　　　　　　　　　B 导游
    C 秘书　　　　　　　　　　　　D 推销员

38. A 性格　　　　　　　　　　　　B 长相
    C 学历　　　　　　　　　　　　D 工作经验

39. A "年"会吃人　　　　　　　　　B "年"会放火
    C "年"会抢东西　　　　　　　　D "年"会杀小孩儿

40. A 除夕　　　　　　　　　　　　B 新年
    C 中秋节　　　　　　　　　　　D 清明节

41. A 鞭炮和老人　　　　　　　　　B 火光和红色
    C 老人和动物　　　　　　　　　D 对联和灯笼

42. A 除夕的来历　　　　　　　　　B 鞭炮的来历
    C 对联的来历　　　　　　　　　D 过年的来历

43. A 有味道 B 不安全
    C 很普通 D 价格高

44. A 解渴、利尿 B 促进血液循环
    C 使皮肤光滑细嫩 D 根治心脑血管疾病

45. A 拉肚子 B 会中毒
    C 降低食欲 D 引发癌症

第4回

第4回　第一部分　問題 P.124　0401.mp3

放送内容
大家好！欢迎参加HSK（五级）考试。
大家好！欢迎参加HSK（五级）考试。
大家好！欢迎参加HSK（五级）考试。
HSK（五级）听力考试分两部分，共45题。
请大家注意，听力考试现在开始。

和訳
こんにちは。HSK5級テストへようこそ。
こんにちは。HSK5級テストへようこそ。
こんにちは。HSK5級テストへようこそ。
HSK(5級)聴解試験は2部分あり、合計45問です。
ただ今から聴解試験を始めます。注意して聞いてください。

放送内容
第一部分
第1到20题，请选出正确答案。现在开始第1题：

和訳
第1部分
問1～問20について、正しい答えを選んでください。ただ今から問1を始めます。

問題用紙
第1-20题：请选出正确答案。

和訳
問1～問20：正しい答えを選んでください。

01 正解 [D]

選択肢　A　赞同　　　　　　　　B　命令
　　　　C　反对　　　　　　　　D　怀疑

和　訳　A　賛成　　　　　　　　B　命令
　　　　C　反対　　　　　　　　D　懐疑

放送内容
男：昨天请朋友们到家里吃饭，他们都夸我做的菜好吃。
女：真的吗? 我以为你只会煮方便面呢。
问：女的是什么语气?

和訳
男：昨日、友達を招いて僕の家で食事をしたんだけど、みんな僕が作った料理が美味しいってほめてくれたよ。
女：本当？　あなたはインスタントラーメンしか作れないと思っていたわ。
問：女性はどういった口ぶりですか？

02 正解 [C]

選択肢　A　女的应该点菜
　　　　B　女的应该请客
　　　　C　吃什么都可以
　　　　D　什么也不想吃

和　訳　A　女性が料理を注文すべき
　　　　B　女性がおごるべき
　　　　C　何を食べてもいい
　　　　D　何も食べたくない

放送内容
女：今天咱们吃点儿什么？
男：我无所谓，你随便点几个菜吧。
问：男的是什么意思?

和訳
女：今日は何を食べる？
男：なんでもいいよ。適当に注文すれば。
問：男性の言葉の意味は何ですか？

03 正解 [B]

選択肢　A　购物
　　　　B　送礼
　　　　C　问候
　　　　D　劝解

和　訳　A　買い物をしている
　　　　B　贈り物をあげている
　　　　C　挨拶をしている
　　　　D　なだめている

放送内容
男：这是我的一点儿心意，希望您收下。
女：谢谢。
问：他们在做什么？

和訳
男：これはほんの気持ちです。どうぞお受け取りください。
女：ありがとうございます。
問：彼らは何をしていますか？

04 正解 [C]

選択肢　A　女的喝得不多
　　　　B　女的可以再喝
　　　　C　女的不能开车
　　　　D　不知道女的去哪儿

和　訳　A　女性はあまり飲んでいない
　　　　B　女性はまだ飲める
　　　　C　女性は運転ができない
　　　　D　女性がどこに行くのかを知らない

放送内容
女：我喝得不多，开车没问题。
男：那怎么行啊？
问：男的是什么意思？

和訳
女：私はあまり飲まなかったから、運転しても大丈夫だわ。
男：できるわけないだろう？
問：男性の言葉の意味は何ですか？

05 正解 [B]

選択肢　A　很犹豫
　　　　B　答应帮忙
　　　　C　觉得很麻烦
　　　　D　事情不好办

和　訳　A　ためらう
　　　　B　手伝うと言った
　　　　C　面倒と感じている
　　　　D　やりにくい

放送内容
男：我有件事想麻烦你。
女：什么麻烦不麻烦的，说吧。
问：女的是什么态度?

和訳
男：お願いしたいことがあるのですが。
女：水くさいね、言って。
問：女性はどういった態度ですか?

06 正解 [D]

選択肢　A　在讲价
　　　　B　多找了钱
　　　　C　少找了钱
　　　　D　找错了钱

和　訳　A　値段交渉をしている
　　　　B　おつりが多すぎた
　　　　C　おつりが足りない
　　　　D　おつりを間違えた

放送内容
女：对不起，你找错钱了。
男：是吗? 多找了还是少找了?
问：关于男的，可以知道什么?

和訳
女：すみません、おつりが間違っていると思います。
男：そうですか？　多すぎましたか？　それとも足りないですか？
問：男性について分かることは何ですか？

07 正解 [C]

選択肢
A 不想参加
B 身体不好
C 需要出国
D 外出旅游

和訳
A 参加したくないから
B 体の調子が悪いから
C 出国しなければならないから
D 旅行に出かけるから

放送内容
男：30号的会议你参加吗？
女：我参加不了了。28号我得去国外出差，一周后才能回来。
问：女的为什么不参加会议？

和訳
男：30日の会議、君、参加する？
女：参加できないわ。28日に海外出張に行かなければならないのよ。戻るのは、その1週間後。
問：女性はどうして会議に参加しないのですか？

---

08 正解 [A]

選択肢
A 女的没有中奖
B 女的经常做梦
C 女的中了大奖
D 男的非常高兴

和訳
A 女性は当選していない
B 女性はよく夢を見る
C 女性は大当たりを引き当てた
D 男性はとてもうれしい

放送内容
女：我昨天晚上梦见自己中大奖了，奖金有一个亿呢！
男：你想得可真美。
问：根据对话，下列哪项正确？

和訳
女：昨夜、大当たりを引き当てた夢を見たの、賞金は1億！
男：でも所詮は夢だろ？
問：この対話から以下のどれが正しいですか？

09　正 解 [C]

選択肢　A　女的记性不好
　　　　B　男的记性很好
　　　　C　男的记性不好
　　　　D　女的不喜欢男的

和　訳　A　女性の記憶力は悪い
　　　　B　男性の記憶力はいい
　　　　C　男性の記憶力は悪い
　　　　D　女性は男性が好きではない

放送内容
男：咱们要去旅游的那个地方叫什么来着?
女：瞧你这记性，跟你说过多少遍了，还是记不住。
问：根据对话，可以知道什么?

和訳
男：僕たちが旅行で行こうとしているところはどこだっけ？
女：あなたの記憶力ときたら。もう何度も言ったでしょう？　でもまだ覚えていないのね。
問：この会話から分かることは何ですか？

10　正 解 [D]

選択肢　A　生病了
　　　　B　不想上课
　　　　C　要回老家
　　　　D　奶奶去世了

和　訳　A　病気になったから
　　　　B　授業に行きたくないから
　　　　C　実家に戻らないといけないから
　　　　D　おばあさんが亡くなったから

放送内容
女：小林怎么没来上课? 他病了吗?
男：不是。小林的奶奶去世了，他让我给他请三天假。
问：小林为什么请假?

和訳
女：林さんはどうして授業に来ていないの？　病気？
男：いいえ。おばあさんが亡くなったので、僕は彼から3日間の休暇届を出すようにと頼まれたんだ。
問：林さんはどうして休暇をとるのですか？

11 正解 [A]

選択肢　A　为了找工作
　　　　B　考试很容易
　　　　C　喜欢做律师
　　　　D　律师工资高

和　訳　A　求職のため
　　　　B　試験が易しいから
　　　　C　弁護士になりたいから
　　　　D　弁護士の給与が高いから

放送内容
男：你最近忙什么呢？
女：我在准备律师资格考试呢，现在律师这个行业很好找工作。
问：女的为什么要参加律师资格考试？

和訳
男：君、最近は何で忙しいの？
女：司法試験の準備をしているから。今、弁護士の資格があると仕事を見つけやすいのよ。
問：女性はどうして司法試験を受験するのですか？

12 正解 [C]

選択肢　A　经常下雨
　　　　B　总是阴天
　　　　C　非常闷热
　　　　D　经常有雷阵雨

和　訳　A　よく雨が降る
　　　　B　いつも曇りだ
　　　　C　非常に蒸し暑い
　　　　D　よく夕立がある

放送内容
女：听说明天有雷阵雨，是吗？
男：是啊，这几天太热了，赶紧下点儿雨凉快凉快吧。
问：最近天气怎么样？

和訳
女：明日は夕立ちがあるらしいね。
男：そうだね。この数日暑すぎるから、早く雨が降って涼しくなってほしいよ。
問：最近の天気はどうですか？

13 正解 [C]

選択肢　A　优惠期还没到
　　　　B　菜的原价是40元
　　　　C　菜的原价是50元
　　　　D　男的可以享受特价

和　訳　A　まだ特別価格の限定期間になっていない
　　　　B　料理の定価は40元だ
　　　　C　料理の定価は50元だ
　　　　D　男性は特別価格で支払いできる

放送内容
男：服务员，你们是不是弄错了，这个菜不是40元吗？
女：先生，40元是特价，现在已经过了优惠期，所以是50元。
问：根据对话，下列哪项正确？

和訳
男：店員さん、料金を間違えていない？　この料理は40元ですよね？
女：お客様、40元は期間限定の特別価格です、今はその期間をすぎましたので、50元となります。
問：この会話から以下のどれが正しいですか？

14 正解 [A]

選択肢　A　女的家在北京
　　　　B　男的不想回去
　　　　C　女的想逛公园
　　　　D　男的要吃烤鸭

和　訳　A　女性の家は北京にある
　　　　B　男性は帰りたくない
　　　　C　女性は公園をぶらつきたい
　　　　D　男性は北京ダックを食べたい

放送内容
女：再住几天吧，你们工作忙，难得来一次！
男：烤鸭吃了，公园逛了，天安门看了，也知道北京漂亮了，接下来该回去好好工作了。
问：根据对话，可以知道什么？

和訳
女：もう何日かいたら？　あなたたちは（いつも）仕事が忙しい中、せっかく来たのだから。
男：北京ダックを食べた、公園もまわった、天安門も見た、北京がきれいだということも分かった。では、次は帰ってしっかり仕事をしなければならないということだ。
問：この会話から分かることは何ですか？

第4回

| 15 | 正解 [C] |

選択肢　A　不看电视
　　　　B　电视剧很好看
　　　　C　电视剧不好看
　　　　D　看电视浪费时间

和　訳　A　テレビを見ない
　　　　B　テレビドラマはおもしろい
　　　　C　テレビドラマはつまらない
　　　　D　テレビを見るのは時間の無駄だ

放送内容
男：这部电视剧有你想象的那么好吗？
女：简直是浪费我的时间。
问：女的是什么意思？

和訳
男：このテレビドラマおもしろかった？　君の思ったとおりだった？
女：全く時間の無駄だったと思ったわ。
問：女性の言葉の意味は何ですか？

| 16 | 正解 [A] |

選択肢　A　自私
　　　　B　热情
　　　　C　负责
　　　　D　关心别人

和　訳　A　利己的である
　　　　B　親切である
　　　　C　責任感がある
　　　　D　人に関心がある

放送内容
女：张科长遇事只为自己着想，从来不考虑别人。
男：是啊，他只做对自己有好处的事。
问：张科长有什么特点？

和訳
女：張課長は自分のことばかり考えて、ほかの人のことは全く考えていないわ。
男：そうだよね。彼は自分だけ得になることしかしないよ。
問：張課長はどういう人ですか？

17 正解 [D]

選択肢　A　同意
　　　　B　同情
　　　　C　犹豫
　　　　D　拒绝

和　訳　A　同意
　　　　B　同情
　　　　C　躊躇
　　　　D　拒絶

放送内容
男：这次考试的作文题目是什么? 老师，提前告诉我们一下吧。
女：那怎么行啊? 考试题目是保密的。
问：女的是什么态度?

和訳
男：今度の試験での作文テーマは何ですか？　先生、事前に教えてくださいよ。
女：言えるわけがないでしょう？　テーマは試験が始まるまで秘密よ。
問：女性はどんな態度ですか？

18 正解 [D]

選択肢　A　男的儿子高中毕业了
　　　　B　男的不让孩子考大学
　　　　C　男的儿子要考名牌大学
　　　　D　男的儿子学习成绩不好

和　訳　A　男性の息子は高校を卒業した
　　　　B　男性は息子に大学受験をさせない
　　　　C　男性の息子は有名大学を受験する予定だ
　　　　D　男性の息子の学習成績は悪い

放送内容
女：听说你儿子今年高中毕业，想好报哪所大学了吗?
男：这个不敢想，目前的问题是他高中能否顺利毕业。
问：根据对话，可以知道什么?

和訳
女：お宅の息子さん、今年高校卒業のようですね。どの大学を受験するのか決めましたか？
男：今はまだそこまで考えていないです。目先の問題として、まず高校を無事に卒業できるかどうかの段階だからです。
問：この会話から分かることは何ですか？

| 19 | 正　解 | [D] |

選択肢　A　高兴
　　　　B　难过
　　　　C　肯定
　　　　D　怀疑

和　訳　A　うれしい
　　　　B　悲しい
　　　　C　肯定
　　　　D　懐疑

放送内容
男：公司下个月开始进行工资改革，你知道吗?
女：你从哪儿得到的消息? 准确吗? 不是说半年后才开始吗?
问：女的是什么语气?

和訳
男：来月、会社は給与制度を改革するのだけど、君知っていた？
女：どこから聞いた情報？　それ正しいの？　半年後から始めるって言っていなかった？
問：女性はどういった口ぶりですか？

| 20 | 正 解 [B] |

選択肢　A　女的不爱骑车
　　　　B　女的比较马虎
　　　　C　男的爱丢东西
　　　　D　女的得了重病

和　訳　A　女性は自転車に乗るのが好きではない
　　　　B　女性は割とそそっかしい
　　　　C　男性はよく物をなくす
　　　　D　女性は重病になった

放送内容
女：糟糕，我把车钥匙弄丢了。
男：你呀，丢三落四的毛病总改不了!
问：根据对话，可以知道什么?

和訳
女：しまった！　車の鍵をなくしてしまった。
男：おい～、相変わらず、これをなくしたりあれを忘れたりする癖がなくならないな！
問：この会話から分かることは何ですか？

第4回　第二部分　問題 P.126　0402.mp3

放送内容
第二部分
第21到45题，请选出正确答案。现在开始第21题：

和訳
第2部
問21〜問45について、正しい答えを選んでください。ただ今から問21を始めます。

問題用紙
第21-45题：请选出正确答案。

和訳
問21 〜 45：正しい答えを選んでください。

| 21 | 正解 [D] |

選択肢　A　拍照
　　　　B　讨论旅游路线
　　　　C　评论旅游景点
　　　　D　欣赏旅游照片

和　訳　A　写真を撮っている
　　　　B　観光ルートについて話している
　　　　C　観光スポットについて話している
　　　　D　旅行の写真を眺めている

放送内容
男：这是我的相册，是我今年去旅游时照的。
女：这么多呀！看你的相册等于我也去旅游了一趟。
男：我最满意的是在长城照的这张。
女：在天安门前的这一张也不错。还有这张，多精神啊！
问：他们在做什么?

和訳
男：これが僕のアルバム、今年旅行に行った時に撮ったものだよ。
女：こんなに多いの！　このアルバムを見てると私もまるで旅行に行ったような気になるわ。
男：僕が最も気に入っているのは、万里の長城で撮ったこれだね。
女：天安門前で撮ったこれもいいじゃない。あと、これもすごくかっこいいね！
問：彼らは何をしていますか？

第4回

22 正解 [C]

選択肢　A　旅游
　　　　B　养花
　　　　C　照相
　　　　D　逛动物园

和　訳　A　旅行をしている
　　　　B　ガーデニングをしている
　　　　C　写真を撮っている
　　　　D　動物園内をぶらぶらしている

放送内容
女：这儿的花多漂亮啊! 在这儿给我照一张吧。
男：你看，那边也不错，鸭子在小河里游，羊群在岸边吃草，画面多美啊!
女：我先在这儿照一张，然后再到那边去照，今天我要多照几张。
男：好吧，今天你想照多少张都可以。
问：他们在做什么?

和訳
女：ここの花は本当にきれいね！　ここで写真を1枚撮ってちょうだい。
男：見て、あそこもいいね。鴨が小川で泳いでいるし、羊たちは岸辺の草を食べているし、いい景色だな！
女：まずここで写真を撮ってから、あそこに行って撮りましょうよ。今日はたくさん写真を撮るわ。
男：OK！　今日は君が撮りたいだけ撮ればいいよ。
問：彼らは何をしていますか？

23 正解 [B]

選択肢　A　女的不会做饭
　　　　B　女的很会做饭
　　　　C　女的每天都做饭
　　　　D　女的的爱人不爱做饭

和　訳　A　女性は料理ができない
　　　　B　女性は料理が上手だ
　　　　C　女性は毎日料理を作る
　　　　D　女性の夫は料理をするのが好きではない

放送内容
男：你会做饭吗?
女：我们家凡是请客人到家里来吃饭，都是我做。
男：那你爱人呢?
女：他只能打个下手。
问：根据对话，可以知道什么?

和訳
男：君、料理できる？
女：我が家でお客さんを招く時は、いつも私が料理を作っているの。
男：じゃ、旦那さんは？
女：手伝うだけ。
問：この会話から分かることは何ですか？

24 正解 [D]

選択肢　A　男的经常生病
　　　　B　小刘工作出色
　　　　C　小刘是正局长
　　　　D　小刘的丈夫升职了

和　訳　A　男性はよく病気になる
　　　　B　劉さんは仕事がすばらしい
　　　　C　劉さんは局長だ
　　　　D　劉さんの夫は昇進した

放送内容
女：小刘的丈夫又高升了，现在是局长了。
男：他工作真的很努力。
女：什么时候你也干出个样子给我看看？
男：最近家里事情太多了，我很难专心工作。
问：根据对话，可以知道什么？

和訳
女：劉さんの旦那さんはまた出世したね。今では局長になったわ。
男：劉さんは本当に仕事を頑張っているからね。
女：それで、あなたはいつになったらそうした頑張りを私に見せてくれるの？
男：最近、家庭内でいろいろあるから、仕事だけに集中するのが難しいんだよ。
問：この対話から分かることは何ですか？

25 正解 [A]

選択肢　A　公园
　　　　B　朋友家
　　　　C　动物园
　　　　D　幼儿园

和　訳　A　公園
　　　　B　友人の家
　　　　C　動物園
　　　　D　幼稚園

放送内容
男：天太晚了，咱们回去吧。
女：爸爸，我想再玩儿一会儿。
男：好吧，那就再玩儿十分钟。明天从幼儿园回来还可以来公园玩儿啊！
女：妈妈说明天带我去动物园玩儿。
问：他们现在最可能在什么地方？

和訳
男：もう遅いから、帰ろうよ。
女：パパ、私もう少し遊びたい。
男：分かった。じゃ、後10分だけだよ。明日幼稚園から帰ってきたら、また公園で遊べるよ。
女：ママが明日、私を動物園に連れて行ってくれるって言っていたわ。
問：彼らは今どこにいると思われますか？

26　正解 [C]

選択肢　A　责备
　　　　B　怀疑
　　　　C　称赞
　　　　D　鼓励

和　訳　A　非難
　　　　B　懐疑
　　　　C　称賛
　　　　D　激励

放送内容
女：你看，我朋友家的女儿才三岁，画的画儿就这么好。
男：可不是! 这大公鸡画得还挺精神的!
女：这张画的是一棵苹果树，树下还有羊在吃草。
男：这孩子在画画儿方面真是个天才!
问：他们是什么语气?

和訳
女：ほら、私の友達の娘さんはまだ3歳なのに、絵がこんなにも上手なの。
男：確かに！　この大きなニワトリなんて元気はつらつに描いているよね。
女：ここにはリンゴの木、木の下には羊が草を食べているわ。
男：この子は絵の才能があり、本当に天才だ！
問：彼らはどういった口ぶりですか？

27　正解 [A]

選択肢　A　陪妈妈看病
　　　　B　陪哥哥看病
　　　　C　和哥哥调研
　　　　D　和哥哥旅游

和　訳　A　母の診察に付き添う
　　　　B　兄の診察に付き添う
　　　　C　兄と調査研究を行う
　　　　D　兄と旅行する

放送内容
男：暑假快到了，你计划去哪儿旅游呢?
女：暑假我要去美国，我妈妈和哥哥都在那里。
男：就是说你要到美国旅游了?
女：不是去旅游，我妈妈病了，我得去陪她看病。我哥哥在搞调研，实在没有时间。
问：女的暑假计划做什么?

和訳
男：もうすぐ夏休みだ。きみはどこか旅行に行く計画があるの？
女：夏休みにアメリカに行くつもり。母と兄がそこにいるから。
男：ということは、旅行でアメリカに行くということ？
女：旅行じゃないわ。母が病気だから私が付き添うの。兄は調査研究しているから、時間がとれないのよ。
問：女性の夏休みの計画は何ですか？

28 正解 [C]

選択肢　A　准备手术
　　　　B　准备考研
　　　　C　照顾爸爸
　　　　D　巡回演出

和　訳　A　手術の準備
　　　　B　大学院入試の準備
　　　　C　父の介抱
　　　　D　巡回公演

放送内容
女：这些日子怎么没看见你呢?
男：我爸爸做手术住院了,我哥哥正准备考研究生,没有时间,所以我得天天跑医院。
女：你姐姐不能替替你吗?
男：她正组织学生在全国巡回演出,怎么离得开啊?
问：男的现在在忙什么?

和訳
女：最近、あなたを見かけなかったけど、どうしてたの?
男：父が手術で入院したんだけど、兄は大学院受験の準備のため時間がない。だから僕が毎日病院に行かなきゃならなかったんだ。
女：お姉さんに代わってもらえなかったの?
男：姉は今、学生と一緒に全国巡回公演中なので、行けるわけがないよ。
問：男性は今どうして忙しいのですか?

29 正解 [A]

選択肢　A　责备　　　　　　B　信任
　　　　C　猜测　　　　　　D　担心

和　訳　A　非難　　　　　　B　信頼
　　　　C　推測　　　　　　D　心配

放送内容
男：你说小李这个人,怎么那么靠不住呢?
女：你让他办什么事了?
男：星期三他去城里办事,我让他帮忙把羽绒服给我孩子送去。可今天都周五了,孩子打电话来说,还没有收到羽绒服。
女：这两天冷,说不定他把羽绒服穿在自己身上了。
问：男的是什么语气?

和訳
男：李という人、とても頼りない人だな。
女：彼に何か頼んだの?
男：水曜日に、彼が街で用事があったので、ダウンジャケットを子供に送ってくれるように頼んだんだ。けれど、今日はもう金曜日なのに、まだダウンジャケットを受け取っていないって子供が電話で言うんだ。
女：この数日は寒いから、もしかしたらそのダウンジャケットを彼が自分で着ているんじゃない?
問：男性はどういった口ぶりですか?

| 30 | 正　解 [D] |

選択肢　A　工作
　　　　B　白开水
　　　　C　语言学
　　　　D　文学作品

和　訳　A　仕事
　　　　B　お湯
　　　　C　言語学
　　　　D　文学作品

放送内容
女：这本书你看完了吗?
男：看完了，我深深地被主人公的敬业精神感动了，还想再看一遍。
女：这本书语言也很美，我作了不少摘录。
男：有的作品，读起来像在喝白开水，一点儿味道都没有。这本书却让人回味无穷。
问：他们在谈论什么?

和訳
女：あなた、この本を読み終えた？
男：読み終えたよ。主人公の勤勉な精神には深く感動したよ。もう一回読みたいね。
女：この本は言葉使いもとてもきれいで、私、たくさんメモをとっちゃった。
男：読んでみるとつまらない作品もあるけど、この本は深い味わいがあった。
問：彼らは何について話していますか？

放送内容 第31到32题是根据下面一段对话：
男：你每天早晨都来跑步吗？
女：不是，这是我第一次来。
男：我说怎么没见过你呢。
女：我们刚刚在这附近买的房子。
男：怪不得，我们也刚搬来没多久。什么时候到我家来玩儿吧？我就住在这座楼里。
女：好啊。我家就在你家后面那座楼，有空儿过来玩儿。

和訳 問31～問32までは以下の会話から出題されます。
男：あなたは毎朝ここでジョギングしているのですか？
女：いいえ、ここは初めてです。
男：どうでお見かけしたことがないわけですね。
女：私たちは近くに家を買ったばかりなのです。
男：なるほど、僕たちも引っ越してきたばかりなんです。そのうち家に遊びに来てください。僕はこの棟に住んでいますから。
女：分かりました。私の家はあなたの家の後ろの棟ですから、そのうち時間ができたら遊びに来てくださいね。

31 正解 [C]

選択肢　A 搬家　　　　　　　　B 装修
　　　　C 锻炼　　　　　　　　D 讨论工作

和　訳　A 引っ越しをしている　　B 内装をしている
　　　　C エクササイズをしている　D 仕事について検討している

放送内容 他们在做什么？

和訳 彼らは何をしていますか？

32 正解 [A]

選択肢　A 男的家后面那座楼　　B 男的家前面那座楼
　　　　C 男的家右边那座楼　　D 男的家左边那座楼

和　訳　A 男性の家の後ろの棟　　B 男性の家の前の棟
　　　　C 男性の家の右の棟　　　D 男性の家の左の棟

放送内容 女的住哪座楼？

和訳 女性はどの棟に住んでいますか？

> 放送内容　第33到34题是根据下面一段对话：
> 女：喂，是王老师吗？
> 男：是我。
> 女：我是出租汽车公司的，您的手提包找到了，司机王师傅中午就把它交到公司了。
> 男：是吗？太感谢你们了！
> 女：王老师，我们派人给您送去，请问您什么时候在家？
> 男：那太不好意思了。我下午有课，5点才下课。您来的时候先给我打个电话吧，我到学校大门口等你们。
> 女：好的，不见不散！
>
> 和訳　問33～問34までは以下の会話から出題されます。
> 女：もしもし、王先生ですか？
> 男：そうですけど。
> 女：タクシー会社の者ですが、あなたのかばんを見つけました。王運転手がお昼にそのかばんを会社に届けました。
> 男：そうですか？　本当にありがとうございます！
> 女：王先生、私どもの方から届けさせますので、いつごろご在宅でしょうか？
> 男：あ、それは助かります。私は午後授業で5時に終わりますので、まずお宅の会社の方がいらっしゃる前に電話をください。そうしたら校門で待っていますので。
> 女：了解しました。それではまた後ほど！

33　正解 [D]

選択肢　A　进行家访　　　　　　B　接他下班
　　　　C　请教问题　　　　　　D　送还失物

和　訳　A　家庭訪問するため
　　　　B　仕事が終わったら彼を迎えに行くため
　　　　C　教えを請うため
　　　　D　拾得物を届けるため

> 放送内容　女的为什么给男的打电话？
>
> 和訳　女性はどうして男性へ電話をしたのですか？

34 正解 [C]

選択肢　A　出租车上　　　　　B　男的家里
　　　　C　学校门口　　　　　D　汽车公司

和　訳　A　タクシー内　　　　B　男性の家
　　　　C　校門　　　　　　　D　車会社

放送内容　他们要在哪儿见面?

和訳　彼らはどこで会いますか？

| 放送内容 | 第35到36题是根据下面一段话：
一个年轻人寄简历到一些公司去应聘。其中有一家公司给他回信说："虽然你认为自己的文采很好，但是，在你的来信中我们发现很多语法错误，甚至有些字都写错了。"年轻人收到信后非常生气，但是转念一想，又觉得对方可能说得对，也许自己在语法和用词上确实犯了错误，只是自己没有意识到。于是，他写了一封感谢信给这家公司，感谢他们提醒自己。没想到，几天以后他又收到了这家公司的回信，信上说，他已经被录用了，很快就可以去公司上班了。|

| 和訳 | 問35〜問36までは以下の話から出題されます。
ある若者がいくつかの会社に応募するために履歴書を送りました。そのうちの1つの会社は彼にこのような返事を出しました。「あなたには文才があると思いますが、実際のところ、あなたの手紙には文法的な間違いが多く、さらに誤字さえも見られました」と書かれていたので、若者はとても怒りました。しかしもう一度考えてみると、もしかしたら相手が言っていることが正しいのではないかと思うようになり、文法や用語は、自分で気付かずに使い方を間違えているかもしれないと思うようになりました。そこで彼は、自分が気付いていないことを指摘していただきありがとうございます、という感謝状を書いて会社に送りました。その数日後、驚いたことに彼はまたその会社から手紙を受け取りました。手紙には、彼を採用するということとすぐに入社できるということが書かれていました。|

35 正解 [B]

選択肢　A 很有文采　　　　　　　B 有些错误
　　　　C 没有错字　　　　　　　D 像感谢信

和　訳　A とても文才がある　　　B 少し間違いがある
　　　　C 誤字がない　　　　　　D 感謝状のようだ

放送内容　那家公司认为年轻人的简历写得怎么样？

和訳　その会社は若者の履歴書についてどう思いましたか？

36 正解 [D]

選択肢　A 被公司骂了　　　　　　B 没找到工作
　　　　C 提醒了公司　　　　　　D 被公司录用了

和　訳　A 会社から叱られた　　　B 仕事が見つからなかった
　　　　C 会社に指摘した　　　　D 会社に採用された

放送内容　年轻人最后怎么了？

和訳　若者は最後にどうなりましたか？

放送内容　第37到38题是根据下面一段话：
很荣幸，今天我加入了导游这个大家庭。记得刚刚毕业的时候我做过两个月的导游，当时觉得太辛苦了，所以转行做了办公室秘书。后来在办公室待的时间长了，我又开始向往导游自由自在的工作环境。于是我又找出自己的导游证，应聘到咱们公司来，跟大家在一起工作。我希望大家多多帮助我。我知道自己还有很多不足，经验也不够多，我会在今后的工作中加倍努力的。

和訳　問37〜問38までは以下の話から出題されます。
本日は皆さまと同じガイドという仲間に入ることができ、誠に光栄に思っております。卒業して間もないころ、2カ月間ガイドをしていましたが、あまりにも大変だったので、事務所の秘書に転職しました。それからしばらく事務所で秘書の仕事をした後、またガイドという自由自在の仕事環境に憧れ始めました。それでガイド資格証を探し出してきて、この会社に応募し、皆さんと一緒に働くことになりました。皆さま、どうぞいろいろお助けいただければ幸いです。まだまだ分からないことも多く経験も浅いですが、今後、人一倍働くよう頑張ります。

37　正解 [B]

選択肢　A 教师　　　　　　　　B 导游
　　　　C 秘书　　　　　　　　D 推销员

和　訳　A 教師　　　　　　　　B ガイド
　　　　C 秘書　　　　　　　　D セールスマン

放送内容　说话人刚毕业时的第一份工作是什么？
和訳　話し手が卒業後すぐ就いた仕事は何ですか？

38　正解 [D]

選択肢　A 性格　　　　　　　　B 长相
　　　　C 学历　　　　　　　　D 工作经验

和　訳　A 性格　　　　　　　　B 容貌
　　　　C 学歴　　　　　　　　D 仕事経験

放送内容　说话人对自己哪方面不太满意？
和訳　話し手は自分のどこがまだ足りないと思っていますか？

| 放送内容 | 第39到42题是根据下面一段话：
传说，中国古时候有一种叫"年"的怪物，它长着长长的头和尖尖的角，非常凶猛。每到除夕，"年"就会到附近的村子里吃人。因此每到这个时候，村里的人都要逃到山里，躲避"年"的伤害。
有一年除夕，村里来了一个白发老人，他对村里人说要帮助大家赶走怪物。到了晚上，"年"像往常一样准备闯进村子的时候，突然听到了爆竹的响声，它吓坏了。等它进到村子里，老人穿着一身红衣服走了过来，"年"见了红色，赶紧逃走了。原来"年"最怕火光和红色。
大家这才明白，原来老人是一位神仙。从此，每到除夕，家家都贴红对联、放爆竹、挂红灯笼。这也就是中国人"过年"的来历。 |
|---|---|
| 和訳 | 問39～問42までは以下の話から出題されます。
昔々、古代、中国には「年」と言われる怪獣がいました。その怪獣は長い頭と鋭い角を持ち、非常に獰猛でした。毎年大晦日には、「年」は近くの村に現れ人を食べてしまうと言われていました。そのため、この時期になると、村人は「年」の被害に遭わないため山へ避難していました。
ある年の大晦日、白髪を蓄えた老人が村の外から村にやってきました。彼は村人に、怪獣を追い払うと言いました。夜になり、「年」がいつもどおりに村に入ろうとすると、突然爆竹が鳴り響き、怪獣はとても驚きました。怪獣が村の中に入ると、赤い服を着た老人が怪獣に向かって来るのを見ました。「年」は、その赤色を見ると慌てて、一目散に逃げてしまいました。もともと「年」が最も恐れているものは、火影と赤色だったのです。
ここで、この老人は仙人であるということが皆に分かりました。これ以降、大晦日になると各家庭では門の前に赤い対聯（対句を書いた掛け物）を張り、爆竹を放ち、赤い提灯を掛けるようになりました。これが中国人の「年越し」の由来です。 |

39　正解 [A]

選択肢　A　"年"会吃人
　　　　B　"年"会放火
　　　　C　"年"会抢东西
　　　　D　"年"会杀小孩儿

和　訳　A　「年」は人を食べるから
　　　　B　「年」は火を放つから
　　　　C　「年」はものを奪うから
　　　　D　「年」は子供を殺すから

放送内容	人们为什么要躲避"年"？
和訳	人々はどうして「年」を避けるのですか？

40 正解 [A]

選択肢　A　除夕
　　　　B　新年
　　　　C　中秋节
　　　　D　清明节

和　訳　A　大晦日
　　　　B　新年
　　　　C　中秋節
　　　　D　清明節

放送内容　"年"什么时候到村子里来?

和訳　「年」はいつ村に来ますか？

41 正解 [B]

選択肢　A　鞭炮和老人
　　　　B　火光和红色
　　　　C　老人和动物
　　　　D　对联和灯笼

和　訳　A　爆竹と老人
　　　　B　火影と赤色
　　　　C　老人と動物
　　　　D　対聯（対句を書いた掛け物）と提灯

放送内容　"年"最怕什么?

和訳　「年」が最も恐れていることは何ですか？

第4回

| 42 | 正　解 [D] |

選択肢　A　除夕的来历
　　　　B　鞭炮的来历
　　　　C　对联的来历
　　　　D　过年的来历

和　訳　A　大晦日の由来
　　　　B　爆竹の由来
　　　　C　対聯（対句を書いた掛け物）の由来
　　　　D　年越しの由来

放送内容　这段话主要讲什么?

和訳　この話は主に何について述べていますか？

放送内容 第43到45题是根据下面一段话：

白开水是日常生活中人们喝得最多的水。它清淡无味，极其普通，但对人体的生理机制却有很重要的调理作用。早晨空腹喝上一杯温热的白开水，对身体百益而无一害。对中老年人来说，喝白开水不仅能稀释血液，促进血液循环，还能减少血栓危险，防止心脑血管疾病的发生。对年轻人来说，晚上临睡前喝杯白开水，不但能够起到解渴、利尿的作用，还能使皮肤变得光滑细嫩。

喝白开水似乎是很平常、很简单的事，但是很多人不知道，水要烧沸三分钟才能饮用。这是因为，自来水多半是来自江湖中的水，这些水送到自来水厂后要经过消毒处理，如果水没有充分烧沸，水中的化学物质就会沉积在人体之中，久而久之容易引发癌症。

和訳 問43～問45までは以下の話から出題されます。

日常生活で、人が最も多く飲む水分は白湯です。白湯は味がなく、至って普通な飲み物ですが、人体の生理機能にとても重要なオプソニン作用があります。早朝、空腹時にぬるめの白湯を1杯飲むことは、体にとって百益あって一害なしです。中高年の人にとっても白湯を飲むことは、血液をサラサラにするだけでなく、血液の循環も促し、さらに、血栓症になるリスクを減らし、心疾患および脳血管疾患発症の防止にも効果的です。若者にとっても、夜、就寝前に白湯を1杯飲むことは、喉の渇きをいやしたり利尿作用があるだけでなく、すべすべした肌になるのにも効果的です。

白湯を飲むことは、ごく一般的で簡単なことです。しかし多くの人は、水を3分間沸かしてから飲むということを知りません。というのも、ほとんどの水道水は川や湖を水源として浄水場で消毒処理をされるので、もし水を十分沸かさないと、水中の化学物質が人体に蓄積され、時間を経るにつれ、ガンを発症しやすくするからです。

43 正解 **[C]**

選択肢　A　有味道
　　　　B　不安全
　　　　C　很普通
　　　　D　价格高

和　訳　A　味がある
　　　　B　安全ではない
　　　　C　至って普通
　　　　D　価格は高い

放送内容　白开水的特点是什么？
和訳　白湯の特徴は何ですか？

| 44 | 正　解 [D] |

選択肢　A　解渴、利尿
　　　　B　促进血液循环
　　　　C　使皮肤光滑细嫩
　　　　D　根治心脑血管疾病

和　訳　A　喉の渇きをいやし利尿作用がある
　　　　B　血液循環を促進させる
　　　　C　すべすべした肌にする
　　　　D　心疾患および脳血管疾患を完治させる

放送内容　下列哪项不是白开水的作用?

和訳　以下の項目で白湯の作用に当てはまらないものは何ですか？

45 正解 [D]

選択肢　A　拉肚子
　　　　B　会中毒
　　　　C　降低食欲
　　　　D　引发癌症

和　訳　A　お腹をこわす
　　　　B　中毒になる
　　　　C　食欲がなくなる
　　　　D　癌を引き起こす

放送内容 经常喝没有充分烧开的水可能会怎么样?

和訳 十分に沸かさない水を飲み続けているとどうなりますか？

放送内容 听力考试现在结束。

和訳 聴解試験はこれで終了です。

第4回

第5回

（五）听　力

第 一 部 分

第1-20题：请选出正确答案。

1. A 非常累　　　　　　　　B 很轻松
   C 很幽默　　　　　　　　D 非常难

2. A 一定会请客　　　　　　B 应该感谢大家
   C 现在没钱请客　　　　　D 没把握考上大学

3. A 帮女的找工作　　　　　B 女的找到了工作
   C 女的不用找工作　　　　D 女的现在没找到工作

4. A 送礼　　　　　　　　　B 喝酒
   C 帮忙　　　　　　　　　D 道歉

5. A 那个学校不好　　　　　B 那个学校不错
   C 会考虑那个学校　　　　D 不会去那个学校

6. A 男的晚上要加班　　　　B 女的还没有下班
   C 女的是旅馆老板　　　　D 男的经常很晚回家

7. A 女的今天生日　　　　　B 男的今天生日
   C 男的现在很饿　　　　　D 女的今天请客

8. A 男的想继续租房　　　　B 男的租了女的房子
   C 女的不想帮助男的　　　D 女的不答应男的要求

9. A 夫妻　　　　　　　　　B 恋人
   C 兄妹　　　　　　　　　D 同事

10. A 手机漂亮　　　　　　　B 手机不好
    C 同意换手机　　　　　　D 不同意换手机

11. A 文件丢失　　　　　　　B 文件太多
    C 中了病毒　　　　　　　D 质量不好

12. A 门锁坏了　　　　　　　B 钥匙丢了
    C 钥匙忘在家里了　　　　D 女的不让男的进

13. A 他的记性很不好　　　　　　B 他忘记了一件事
　　C 女朋友是个老太太　　　　　D 女朋友说话太啰唆

14. A 不需要解释　　　　　　　　B 需要马上解释
　　C 不知道怎么办　　　　　　　D 同意男的的话

15. A 不要影响别人休息　　　　　B 不要影响别人工作
　　C 应该按时完成任务　　　　　D 行动不能让别人知道

16. A 记不住这些事　　　　　　　B 不想干别的事
　　C 记得住这些事　　　　　　　D 这些事都是小事

17. A 命令　　　　　　　　　　　B 嘱咐
　　C 称赞　　　　　　　　　　　D 鼓励

18. A 教室　　　　　　　　　　　B 家里
　　C 学校　　　　　　　　　　　D 办公室

19. A 还有可能来人　　　　　　　B 不可能再来人
　　C 还会来很多人　　　　　　　D 不会来太多人

20. A 还是要做这件事　　　　　　B 不再负责这件事
　　C 不知道公司规定　　　　　　D 不会违反公司规定

第 二 部 分

第21-45题：请选出正确答案。

21. A 不要去欧洲旅游　　　　　B 女的需要找工作
    C 现在旅游不合适　　　　　D 天气不适合旅游

22. A 景点太少了　　　　　　　B 旅费太高了
    C 意见不一致　　　　　　　D 时间太长了

23. A 能否按时到达　　　　　　B 明天是否下雨
    C 能否买到车票　　　　　　D 能否订到宾馆

24. A 男的明天要开会　　　　　B 报告书翻译好了
    C 资料还没有准备好　　　　D 报告书还没有翻译好

25. A 当老板了　　　　　　　　B 要跳槽了
    C 受批评了　　　　　　　　D 被解雇了

26. A 放假时间　　　　　　　　B 出发时间
    C 旅游时间　　　　　　　　D 旅游路线

27. A 迎接客人　　　　　　　　B 参加婚礼
    C 送生日礼物　　　　　　　D 买生日礼物

28. A 女的没有车　　　　　　　B 老刘的车坏了
    C 老刘把车借走了　　　　　D 男的车被借走了

29. A 小店只卖食品　　　　　　B 小店在小区外面
    C 小店的服务态度不好　　　D 小店给人们带来了方便

30. A 病好了　　　　　　　　　B 已经上班了
    C 现在在医院　　　　　　　D 和女的是亲戚

31. A 想请他帮忙　　　　　　　B 想见老朋友
    C 想租他的房子　　　　　　D 想买他的家具

32. A 学校门口　　　　　　　　B 男的宿舍
    C 女的家里　　　　　　　　D 男的家里

33. A 今晚的　　　　　　　　　B 明天的
    C 明晚的　　　　　　　　　D 后天的

34. A 10块　　　　　　　　　　B 14块
    C 40块　　　　　　　　　　D 44块

35. A 钥匙上有病菌　　　　　　B 钥匙质量不合格
    C 钥匙应设计得更漂亮　　　D 人们应多配几把钥匙

36. A 注意钥匙卫生　　　　　　B 尽量少用钥匙
    C 带好自己的钥匙　　　　　D 不要随便配钥匙

37. A 吃饭时间晚　　　　　　　B 外出时间减少
    C 缺少时间锻炼　　　　　　D 两人吃饭胃口好

38. A 消化时间短　　　　　　　B 吃饭晚吃得多
    C 一起吃饭心情好　　　　　D 一起吃饭胃口好

39. A 夸奖　　　　　　　　　　B 讽刺
    C 劝告　　　　　　　　　　D 责备

40. A 自己身体轻　　　　　　　B 螃蟹爬得慢
    C 很了解螃蟹　　　　　　　D 螃蟹的脚多

41. A 蜗牛　　　　　　　　　　B 青蛙
    C 蜻蜓　　　　　　　　　　D 螃蟹

42. A 裁判不公平　　　　　　　B 对比赛不重视
    C 爬行的方向错了　　　　　D 缺少朋友的支持

43. A 喝水的好处　　　　　　　　B 喝水的时间
    C 不喝水的后果　　　　　　　D 多喝水的重要性

44. A 起床以后　　　　　　　　　B 睡觉以前
    C 饭前 5 分钟　　　　　　　　D 工作的时候

45. A 消化食物　　　　　　　　　B 吸收水分
    C 帮助睡眠　　　　　　　　　D 平衡血压

第1回

第5回

第5回　第一部分　問題 P.162　0501.mp3

放送内容
大家好! 欢迎参加HSK（五级）考试。
大家好! 欢迎参加HSK（五级）考试。
大家好! 欢迎参加HSK（五级）考试。
HSK（五级）听力考试分两部分，共45题。
请大家注意，听力考试现在开始。

和訳
こんにちは。HSK5級テストへようこそ。
こんにちは。HSK5級テストへようこそ。
こんにちは。HSK5級テストへようこそ。
HSK(5級)聴解試験は2部分あり、合計45問です。
ただ今から聴解試験を始めます。注意して聞いてください。

放送内容
第一部分
第1到20题，请选出正确答案。现在开始第1题：

和訳
第1部分
問1 〜問20について、正しい答えを選んでください。ただ今から問1を始めます。

問題用紙
第1-20题：请选出正确答案。

和訳
問1 〜問20：正しい答えを選んでください。

01 正解 [B]

選択肢　A 非常累
　　　　B 很轻松
　　　　C 很幽默
　　　　D 非常难

和　訳　A 非常に疲れる
　　　　B 気楽だ
　　　　C ユーモアがある
　　　　D 非常に難しい

放送内容
女：我现在才知道当记者真够辛苦的，又要采访，又要挤时间写稿子。
男：你们不就是找人聊聊天儿，坐在屋子里写写文章吗？
问：男的觉得当记者怎么样？

和訳
女：私、今やっと分かったわ、記者の仕事がこんなにきついなんて。インタビューしたり、時間を作って記事にしなくてはならないし。
男：おしゃべりしたり、部屋で記事を書いているんじゃないの？
問：男性は記者の仕事についてどう思っていますか？

02 正解 [D]

選択肢　A 一定会请客
　　　　B 应该感谢大家
　　　　C 现在没钱请客
　　　　D 没把握考上大学

和　訳　A 必ずおごる
　　　　B みんなに感謝すべき
　　　　C 今はおごるお金がない
　　　　D 大学に合格する自信がない

放送内容
男：听说你这次考得不错，到时候可别忘了请客！
女：哪儿的事！能有大学上我就谢天谢地了。
问：女的是什么意思？

和訳
男：今度の試験はよかったらしいね、その時はおごってね！
女：そんなことないわ。大学に合格できればいいんだけどね。
問：女性の言葉の意味は何ですか？

| 03 | 正 解 [**D**] |

選択肢　A　帮女的找工作
　　　　B　女的找到了工作
　　　　C　女的不用找工作
　　　　D　女的现在没找到工作

和　訳　A　女性の仕事探しを手伝う
　　　　B　女性は仕事を見つけた
　　　　C　女性は仕事を見つける必要がない
　　　　D　女性はまだ仕事を見つけていない

放送内容
女：昨天晚上我梦见自己找到了一份理想的工作。
男：你要知道，那可仅仅是一个梦。
问：男的是什么意思？

和訳
女：昨夜、いい仕事を見つけた夢を見たわ。
男：でも、それはただの夢にすぎないからね。
問：男性の言葉の意味は何ですか？

| 04 | 正 解 [**A**] |

選択肢　A　送礼
　　　　B　喝酒
　　　　C　帮忙
　　　　D　道歉

和　訳　A　贈り物をしている
　　　　B　お酒を飲んでいる
　　　　C　手伝っている
　　　　D　謝っている

放送内容
男：你这是干什么？
女：这是我的一点儿意思，不成敬意。
问：女的在做什么？

和訳
男：あなた、これどういう意味ですか？
女：これはほんの気持ちです。どうぞお受け取りください。
問：女性は何をしていますか？

| 05 | 正 解 [C] |

選択肢　A　那个学校不好
　　　　B　那个学校不错
　　　　C　会考虑那个学校
　　　　D　不会去那个学校

和　訳　A　あの学校はよくない
　　　　B　あの学校はいい
　　　　C　あの学校を考えてみる
　　　　D　あの学校へは行かない

放送内容
女：去北京语言大学学习吧，那儿设备齐全，师资力量雄厚，教学质量一流，真的不错。
男：谢谢你的推荐，我会考虑的。
问：男的是什么意思？

和訳
女：北京語言大学に行って勉強すれば。あそこは設備が整っているし、教師陣は非常に優れていて、教育内容もトップクラスで、本当にいいよ。
男：教えてくれてありがとう。考えてみるよ。
問：男性の言葉の意味は何ですか？

| 06 | 正 解 [D] |

選択肢　A　男的晚上要加班
　　　　B　女的还没有下班
　　　　C　女的是旅馆老板
　　　　D　男的经常很晚回家

和　訳　A　男性は夜、残業しなくてはならない
　　　　B　女性はまだ仕事を終えていない
　　　　C　女性は旅館の女将だ
　　　　D　男性はよく遅く帰宅する

放送内容
男：我今天下班以后有点儿事，得晚点儿回去。
女：你哪天晚上没有事啊? 这个家都快成你的旅馆了。
问：根据对话，可以知道什么？

和訳
男：今日、仕事が終わってから用事があるので、帰りは遅くなるよ。
女：あなた、毎晩用事って言うよね？　この家はまるであなたの旅館のようだわ。
問：この会話から分かることは何ですか？

07 正解 [B]

選択肢 A 女的今天生日
　　　　　B 男的今天生日
　　　　　C 男的现在很饿
　　　　　D 女的今天请客

和 訳 A 女性は今日が誕生日
　　　　　B 男性は今日が誕生日
　　　　　C 男性は今、空腹だ
　　　　　D 女性は今日、おごる

放送内容
女：生日快乐!
男：谢谢大家，下了班我请大家吃饭。
问：根据对话，可以知道什么?

和訳
女：お誕生日おめでとう！
男：みんなありがとう、仕事が終わったらみんなにごはんをおごるよ。
問：この会話から分かることは何ですか？

08 正解 [B]

選択肢 A 男的想继续租房
　　　　　B 男的租了女的房子
　　　　　C 女的不想帮助男的
　　　　　D 女的不答应男的要求

和 訳 A 男性は継続して部屋を借りたい
　　　　　B 男性は女性の部屋を借りた
　　　　　C 女性は男性を助けたくない
　　　　　D 女性は男性の要求を聞き入れない

放送内容
男：房东阿姨，我想求您点儿事。
女：什么求不求的，有事你就说吧。
问：根据对话，可以知道什么?

和訳
男：大家さん、ちょっとお願いがあるのですが。
女：水くさいね、言ってごらん。
問：この会話から分かることは何ですか？

| 09 | 正 解 [A] |

選択肢　A　夫妻
　　　　B　恋人
　　　　C　兄妹
　　　　D　同事

和　訳　A　夫婦
　　　　B　恋人
　　　　C　兄妹
　　　　D　同僚

放送内容
女：当年谈恋爱的时候多浪漫啊，现在的生活太没意思了。
男：过日子就是柴米油盐，哪能天天搞浪漫？
问：他们可能是什么关系？

和訳
女：昔、恋愛している時はなんとロマンチックだったことか。でも今の生活は全くつまらないわ。
男：生活するとはそういうものだよ、毎日ロマンとか語れる？
問：彼らはどういう関係と思われますか？

| 10 | 正 解 [D] |

選択肢　A　手机漂亮
　　　　B　手机不好
　　　　C　同意换手机
　　　　D　不同意换手机

和　訳　A　携帯電話がきれい
　　　　B　携帯電話がよくない
　　　　C　携帯電話を交換することに賛成
　　　　D　携帯電話を交換することに反対

放送内容
男：你的手机真不错，我跟你换换怎么样？
女：想得美！
问：女的是什么意思？

和訳
男：君の携帯電話いいね、僕のと交換しない？
女：何言っているの！
問：女性の言葉の意味は何ですか？

11 正解 [C]

選択肢　A　文件丢失
　　　　B　文件太多
　　　　C　中了病毒
　　　　D　质量不好

和　訳　A　ファイルをなくした
　　　　B　ファイルが多すぎる
　　　　C　ウイルスに感染した
　　　　D　品質が悪い

放送内容
女：我的电脑突然死机了，是不是电脑里文件太多了？
男：这跟文件的多少没关系，肯定是中毒了。
问：女的的电脑怎么了？

和訳
女：私のパソコン突然フリーズしたわ。パソコン内のファイルが多すぎるのかしら？
男：それとファイルの多さは関係ないよ、きっとウイルスだよ。
問：女性のパソコンはどうなりましたか？

12 正解 [C]

選択肢　A　门锁坏了
　　　　B　钥匙丢了
　　　　C　钥匙忘在家里了
　　　　D　女的不让男的进

和　訳　A　ドアのロックが壊れたから
　　　　B　鍵をなくしたから
　　　　C　鍵を家に忘れたから
　　　　D　女性が男性を入れさせないから

放送内容
男：你在哪儿呢？我把钥匙锁在家里了，现在进不了门了。
女：你等一会儿，我很快就到家了。
问：男的为什么进不了家门了？

和訳
男：君、今どこ？　僕は鍵を家に置いたままなので、今、家に入れないんだ。
女：ちょっと待ってて、すぐ戻るから。
問：男性はどうして家へ入れないのですか？

13 正解 [D]

選択肢　A　他的记性很不好
　　　　B　他忘记了一件事
　　　　C　女朋友是个老太太
　　　　D　女朋友说话太啰唆

和　訳　A　彼の記憶力はとても悪い
　　　　B　彼はある事を忘れた
　　　　C　彼女は老婦人だ
　　　　D　彼女の話はくどすぎる

放送内容
女：你女朋友做事真够认真的。
男：有时候也有点儿婆婆妈妈的。一件事说了好几遍了，还怕我记不住。
问：男的是什么意思？

和訳
女：あなたの彼女、やることがすごくまじめね。
男：でも時々、話がくどいんだよ。1つのことを何回言っても、それでもまだ僕が覚えていないと思っているんだよ。
問：男性の言葉の意味は何ですか？

14 正解 [A]

選択肢　A　不需要解释
　　　　B　需要马上解释
　　　　C　不知道怎么办
　　　　D　同意男的的话

和　訳　A　釈明する必要はない
　　　　B　ただちに釈明する必要がある
　　　　C　どうしたらよいか分からない
　　　　D　男性の話に賛成する

放送内容
男：他误会了，再去解释解释吧。
女：解释什么呀？再解释他反而会多心。
问：女的是什么意思？

和訳
男：彼は誤解しているよ、もう一度釈明しに行こうよ。
女：もういいわ！　これ以上釈明したら、かえって彼が疑い始めるわ。
問：女性の言葉の意味は何ですか？

15 正解 [D]

選択肢
A 不要影响别人休息
B 不要影响别人工作
C 应该按时完成任务
D 行动不能让别人知道

和 訳
A ほかの人の休みを邪魔してはならない
B ほかの人の仕事を邪魔してはならない
C 時間どおり任務を遂行すべきだ
D ほかの人に知られないように行動する

放送内容
女：你悄悄地去，悄悄地回来，别让别人看见。
男：知道。你放心好了，绝对不会让任何人知道的。
问：女的是什么意思？

和訳
女：あなた、こっそり行って、こっそり帰って来て。ほかの人に見られないようにね。
男：分かった、安心して。絶対誰にも分からないようにするから。
問：女性の言葉の意味は何ですか？

16 正解 [C]

選択肢
A 记不住这些事
B 不想干别的事
C 记得住这些事
D 这些事都是小事

和 訳
A これらのことを覚えられない
B 別のことをしたくない
C これらのことは覚えられる
D これらのことはどれも些細なことだ

放送内容
男：你把我要的东西记在纸上，别到时忘了买。
女：这么点儿事我能记不住吗？
问：女的是什么意思？

和訳
男：きみ、僕が必要とする物をメモして。買うのを忘れないで。
女：このくらいのこと、私が覚えられないって言うの？
問：女性の言葉の意味は何ですか？

| 17 | 正解 [B] |

選択肢　A　命令
　　　　B　嘱咐
　　　　C　称赞
　　　　D　鼓励

和　訳　A　命令
　　　　B　言い聞かせる
　　　　C　称賛
　　　　D　激励

放送内容
女：不用着急，开车要小心，安全第一！
男：知道了，你就放心吧。
问：女的是什么语气？

和訳
女：焦らないで、気を付けて運転して、安全第一よ！
男：分かっているよ、安心してよ。
問：女性はどういった口ぶりですか？

| 18 | 正解 [C] |

選択肢　A　教室
　　　　B　家里
　　　　C　学校
　　　　D　办公室

和　訳　A　教室
　　　　B　家の中
　　　　C　学校
　　　　D　職員室

放送内容
男：帮我到办公室把你们班的作业本拿到教室去吧，我跟这个家长说几句话。
女：好的，我这就去。
问：他们最可能在哪儿？

和訳
男：職員室に行って、君たちのクラスの宿題の本を教室に持って行きなさい。私はこちらの保護者の方とちょっと話があるから。
女：分かりました。すぐ行きます。
問：彼らはどこにいると思われますか？

| 19 | 正 解 [**A**] |

選択肢 A 还有可能来人
B 不可能再来人
C 还会来很多人
D 不会来太多人

和 訳 A まだ人が来るかもしれない
B もう人が来ないだろう
C まだたくさん人が来るだろう
D たくさんの人は来ないだろう

放送内容
女：这么晚了，不会有人来了，该收摊就收摊吧。
男：可是万一呢？
问：男的是什么意思？

和訳
女：こんなに遅くなったわ。もう人は来ないから、片づけようか。
男：でも、もし来たらどうする？
問：男性の言葉の意味は何ですか？

| 20 | 正 解 [A] |

選択肢　A　还是要做这件事
　　　　B　不再负责这件事
　　　　C　不知道公司规定
　　　　D　不会违反公司规定

和　訳　A　やはりこの事は行うべきだ
　　　　B　この事について責任を負わない
　　　　C　社内規定を知らない
　　　　D　社内規定の違反にはならない

放送内容
男：这件事要是不符合公司规定的话，我看就算了吧。
女：我是不会轻易放弃的。
问：女的是什么意思？

和訳
男：このことが社内規定に合致しないならば、もうやめようよ。
女：そんなに簡単にあきらめないわ。
問：女性の言葉の意味は何ですか？

| 第 5 回 | 第二部分 | 問題 P.164 | 0502.mp3 |

放送内容
第二部分
第21到45题，请选出正确答案。现在开始第21题：

和訳
第2部
問21～問45について、正しい答えを選んでください。ただ今から問21を始めます。

問題用紙
第21-45题：请选出正确答案。

和訳
問21～45：正しい答えを選んでください。

| 21 | 正 解 [C] |

選択肢　A　不要去欧洲旅游
　　　　B　女的需要找工作
　　　　C　现在旅游不合适
　　　　D　天气不适合旅游

和　訳　A　ヨーロッパ旅行に行ってはならない
　　　　B　女性は仕事を見つける必要がある
　　　　C　今、旅行するのは相応しくない
　　　　D　旅行するのに相応しい天気ではない

放送内容
女：我真想现在到欧洲旅行，去巴黎、伦敦、维也纳……那该多好啊！
男：你刚工作就想出去旅游，不太合适吧！
女：有什么不合适的? 按照公司的规定我是可以休五天年假的。
男：可是你刚上班没几个月就请假，这样不好吧?
问：男的是什么意思？

和訳
女：今、本当にヨーロッパ旅行に行きたい、パリ、ロンドン、ウィーンなどに行けたらどんなにいいだろう！
男：君、仕事を始めて間もないのに旅行に行こうとするなんて、相応しくないだろう。
女：何、相応しくないって？　社内規定によれば、私は5日間の有給休暇をとれるんだけど。
男：でも、君は働き始めてまだ数カ月だから、いきなり休暇をとるなんてよくないだろ？
問：男性の言葉の意味は何ですか？

22 正解 [C]

選択肢　A　景点太少了
　　　　B　旅费太高了
　　　　C　意见不一致
　　　　D　时间太长了

和　訳　A　観光スポットが少なすぎるから
　　　　B　旅費が高すぎるから
　　　　C　意見が一致しないから
　　　　D　時間が長すぎるから

放送内容
男：你们的旅游计划还没有定下来吗？
女：还没有呢。我们开会讨论时，有人说地点不理想，有人说时间不合适，大家很难形成一致的意见。
男：组织旅游这事，人多了，就是不好统一意见。
女：所以我们决定按大多数人的意见办。
问：旅游计划为什么定不下来？

和訳
男：君たちの旅行計画はもう決定した？
女：まだなの。会議で検討した時、場所がよくないとか時間が合わないとか、みんなの意見がなかなか一致しないのよ。
男：旅行のような取りまとめは、人が多ければそれだけみんなの意見が一致するのは難しいよ。
女：だから多数決で決めることにしたの。
問：旅行計画はどうして決まらないのですか？

23 正解 [B]

選択肢　A　能否按时到达　　　　B　明天是否下雨
　　　　C　能否买到车票　　　　D　能否订到宾馆

和　訳　A　時間どおり到着できるかどうか
　　　　B　明日雨が降るかどうか
　　　　C　切符が買えるかどうか
　　　　D　ホテルを予約できるかどうか

放送内容
女：不知道明天还下不下雨？
男：怎么，你明天就去杭州旅行？
女：是啊。雨要是不停的话就麻烦了。
男：听听下午6点的天气预报吧。
问：女的在担心什么？

和訳
女：明日まだ雨が降っているかな？
男：どうした？　あ、君は明日は杭州旅行か？
女：ええ。もし雨が降っていたら面倒だわ。
男：午後6時の天気予報を聞けば。
問：女性が心配していることは何ですか？

24 正 解 [D]

選択肢　A　男的明天要开会
　　　　B　报告书翻译好了
　　　　C　资料还没有准备好
　　　　D　报告书还没有翻译好

和　訳　A　男性は明日会議を行う
　　　　B　報告書の翻訳は完了した
　　　　C　資料はまだ準備ができていない
　　　　D　報告書はまだ翻訳し終えていない

放送内容
男：资料都准备好了没有？
女：准备好了，都在这个文件袋里。李经理，请您过目。
男：好。那份报告书翻译完了吗？后天的会议要用。
女：我加快一点儿速度，明天就差不多了。
问：根据对话，可以知道什么？

和訳
男：資料の準備はできた？
女：できました。全てこのファイルバッグに入れております。李マネジャー、どうぞご確認ください。
男：よし。その報告書の翻訳は完了した？　明後日、会議で使うから。
女：今急いでやっております、明日には終わると思います。
問：この会話から分かることは何ですか？

25 正 解 [D]

選択肢　A　当老板了
　　　　B　要跳槽了
　　　　C　受批评了
　　　　D　被解雇了

和　訳　A　経営者になった
　　　　B　もうすぐ転職する
　　　　C　叱責された
　　　　D　解雇された

放送内容
女：你今天怎么了？脸色怎么这么难看？
男：别提了，我被老板炒鱿鱼了。
女：你做错了什么事吗？
男：不知道啊，我也没想到会这样！
问：关于男的，可以知道什么？

和訳
女：あなた、今日どうしたの？　どうしてそんなに顔色が悪いの？
男：聞かないでくれ。会社をクビになったんだよ。
女：何か問題起こしたの？
男：知らないよ。僕も全く予想していなかったよ。
問：男性について分かることは何ですか？

26 正解 [D]

選択肢　A　放假时间
　　　　B　出发时间
　　　　C　旅游时间
　　　　D　旅游路线

和　訳　A　休暇期間
　　　　B　出発時間
　　　　C　旅行時間
　　　　D　旅行ルート

放送内容
男：快放寒假了，你打算去哪儿玩儿？
女：你有什么好的建议吗？
男：东北你已经去过了，今年可以去桂林看看。
女：我考虑一下，我还想去苏州和杭州。
问：他们在谈论什么？

和訳
男：もうすぐ冬休みだ。君はどこへ遊びに行く予定？
女：何かいいアドバイスある？
男：東北はもう君は行ったことがあるから、今年は桂林に行ったらどう？
女：ちょっと考えておくわ。でも蘇州と杭州も行きたいわ。
問：彼らは何について話していますか？

27 正解 [C]

選択肢　A　迎接客人
　　　　B　参加婚礼
　　　　C　送生日礼物
　　　　D　买生日礼物

和　訳　A　お客を迎えている
　　　　B　結婚式に参加している
　　　　C　誕生日プレゼントを贈っている
　　　　D　誕生日プレゼントを買っている

放送内容
女：今天是你的生日，这点儿礼物真拿不出手，不过是我的一点儿心意。
男：你太客气了，这件礼物我很喜欢。
女：只要你喜欢我就高兴了。
男：谢谢！
问：女的最可能在做什么？

和訳
女：今日はあなたの誕生日ですね。つまらないものですが、これは私からのほんの気持ちです。
男：こんなにしていただいて。このプレゼント、私はとても好きです。
女：気に入っていただいたようでうれしいです。
男：ありがとうございます！
問：女性は何をしていると思われますか？

28 正解 [C]

選択肢　A　女的没有车
　　　　B　老刘的车坏了
　　　　C　老刘把车借走了
　　　　D　男的车被借走了

和　訳　A　女性は車を持っていない
　　　　B　劉さんの車は壊れた
　　　　C　劉さんは車を借りた
　　　　D　男性の車は借りられた

放送内容
男：你怎么走回来了？
女：我的车被老刘借走了。
男：难道他不知道你也要用车吗？
女：老刘有急事。他不轻易向别人借东西，我怎么能不借给他呢？
问：根据对话，可以知道什么？

和訳
男：どうして歩いて帰ってきたの？
女：劉さんに車を貸したからよ。
男：まさか彼は、君も車が必要と知らなかったの？
女：劉さんは急用だったのよ。(普段)彼はめったに人に物を貸してくれと要求しないので、今回そう言われて貸さないわけいかないでしょう？
問：この会話から分かることは何ですか？

29 正解 [D]

選択肢　A　小店只卖食品
　　　　B　小店在小区外面
　　　　C　小店的服务态度不好
　　　　D　小店给人们带来了方便

和　訳　A　売店は食品のみ販売している
　　　　B　売店は小区(団地)外にある
　　　　C　売店の接客態度は悪い
　　　　D　売店は人々に利便性をもたらした

放送内容
女：这家小店的商品还挺全的。
男：可不，服务态度也没的挑！
女：小区里有这么个小店还真解决大问题了。
男：谁说不是呢？老年人腿脚不方便，想买什么出门就有。
问：根据对话，可以知道什么？

和訳
女：この売店はけっこう商品が揃っているね。
男：そうだね。接客態度も言うことなし！
女：小区(団地内)にこのようなお店があれば本当に助かるね。
男：確かにそうだね。こんな近くにあるからね。(特に)脚が悪いお年寄りにとっては、何か欲しいものがあれば、ここですぐに手に入るからね。
問：この会話から分かることは何ですか？

| 30 | 正　解 [A] |

選択肢　A　病好了
　　　　B　已经上班了
　　　　C　现在在医院
　　　　D　和女的是亲戚

和　訳　A　病気が治った
　　　　B　既に会社に行けるようになった
　　　　C　今は病院にいる
　　　　D　女性の親戚だ

放送内容
男：这些天多亏你照顾我，我的病才好得这么快，明天就能去上班了。
女：你父母不在家，我怎么能看着你病了不管呢？
男：以后你有了什么难事，我也一定会帮你的。
女：真是有个好亲戚不如有个好邻居啊！
问：关于男的，可以知道什么？

和訳
男：この数日、君が世話をしてくれたおかげで、僕の病気はこんなに早く良くなり、明日には仕事にも行けるようなった。
女：あなたのご両親は家にいないので、あなたのことを放っておくことなんてできないでしょう？
男：今後、君に何か困ったことがあったら、僕が必ず力になるよ。
女：まさに遠くの親戚より近くの他人ってことね！
問：男性について分かることは何ですか？

放送内容　第31到32题是根据下面一段对话：
女：喂，你好。请找一下张先生。
男：我就是。
女：您是要出租房子吗?
男：对，我想租给学生。
女：我是留学生，我想问问房子的基本情况。
男：房子在三层，比较安静，有床、桌子、椅子这些简单的家具。
女：我能不能看一下房子?
男：可以，你下午来吧。不过我们没见过面，我不认识你呀。
女：您要看见一个戴眼镜、长头发、穿黑毛衣的年轻人，就是我了！

和訳　問31～問32までは以下の会話から出題されます。
女：もしもし、こんにちは。張さんをお願いいたします。
男：私ですが。
女：部屋を賃貸に出したいんですよね?
男：そうです。私は学生に貸したいんです。
女：私は留学生です。部屋の基本状況についてお聞きしたいのですが。
男：3階の部屋で静かな環境です。ベッド、机、椅子などの家具も付いています。
女：内見は可能でしょか?
男：できますよ。午後に来てください。お会いしたことがないので、あなただと分からないのですが…。
女：眼鏡を掛け長髪で黒いセーターを着た若者だったら、それが私です。

31　正解 [C]

選択肢　A　想请他帮忙　　　　　　B　想见老朋友
　　　　C　想租他的房子　　　　　D　想买他的家具

和　訳　A　男性に援助を求めたいから　B　旧友と会いたいから
　　　　C　男性の部屋を借りたいから　D　男性の家具を買いたいから

放送内容　女的为什么要给男的打电话?

和訳　女性はどうして男性へ電話したのですか?

| 32 | 正　解 [D] |

選択肢　A　学校门口　　　　　　　B　男的宿舍
　　　　C　女的家里　　　　　　　D　男的家里

和　訳　A　校門　　　　　　　　　B　男性が貸そうとしている部屋
　　　　C　女性の家　　　　　　　D　男性の家

放送内容　他们要在哪儿见面？

和訳　彼らはどこで会いますか？

放送内容 第33到34题是根据下面一段对话：
男：请问，有去昆明的卧铺票吗？
女：要哪天的？
男：明天晚上或者后天的。
女：明天的没有了，后天的还剩最后一张卧铺票。
男：太好了！多少钱？
女：四百八十六。
男：这是五百。
女：找您十四块钱。这是火车票，请收好。

和訳 問33～問34までは以下の会話から出題されます。
男：すみません、昆明までの寝台券はありますか？
女：何日のですか？
男：明日の夜もしくは明後日のです。
女：明日の分はございません。明後日の分はあと1枚だけ残っています。
男：よかった！ いくらですか？
女：486元です。
男：では、500元から。
女：お釣りは14元です。こちらは切符です。どうぞ。

33 正解 [D]

選択肢　A　今晚的　　　　　　　B　明天的
　　　　C　明晚的　　　　　　　D　后天的

和　訳　A　今晚　　　　　　　　B　明日
　　　　C　明日の夜　　　　　　D　明後日

放送内容 男的买了什么时候的车票？

和訳 男性の買った切符はいつ乗車するものですか？

34 正解 [B]

選択肢　A　10块　　　　　　　　B　14块
　　　　C　40块　　　　　　　　D　44块

和　訳　A　10元　　　　　　　　B　14元
　　　　C　40元　　　　　　　　D　44元

放送内容 女的找给男的多少钱？

和訳 女性は男性にいくらお釣りを出しましたか？

放送内容	第35到36题是根据下面一段话：
	钥匙和人们日常生活关系非常密切。人人都有钥匙，每天都得摸很多次，可大多数人从没有想过要洗一洗钥匙。专家检验表明，60%以上的钥匙都带有多种病菌。人们倒完垃圾、上完厕所、拿过脏东西，开门时都少不了要用钥匙；如果拿完钥匙，不洗手就吃东西，很容易得病。因此，最好经常洗一洗或者晒一晒钥匙，保持钥匙卫生。
和訳	問35～問36までは以下の話から出題されます。
	日常生活で、鍵と人はとても密接な関係があります。誰でも鍵を持ち、毎日何度も触れているが、多くの人は一度も洗浄しようと思ったことがありません。専門家の検査によると、60％以上の鍵に多くの病原菌が付着しているということが分かりました。ゴミを捨てたり、トイレに行ったり、汚れたものを持ち上げたりといった行為の後でドアを開けるときに人は必ず鍵を使います。もし鍵を使い終わった後、手を洗わずに何かを食べると病気になりやすいのです。そのため、常に鍵をよく洗ったり干したりして、鍵の衛生を維持するとよいでしょう。

35　正解 [A]

選択肢　A　钥匙上有病菌　　　　　B　钥匙质量不合格
　　　　C　钥匙应设计得更漂亮　　D　人们应多配几把钥匙

和　訳　A　鍵には病原菌がついていること
　　　　B　鍵の品質が不合格なこと
　　　　C　鍵はより素敵なデザインすべきだということ
　　　　D　人は複数の鍵を持つべきだということ

放送内容	专家检验钥匙发现了什么？
和訳	専門家が鍵を検査して発見したことは何ですか？

36 正　解 [A]

選択肢　A　注意钥匙卫生　　　　B　尽量少用钥匙
　　　　　C　带好自己的钥匙　　　D　不要随便配钥匙

和　訳　A　鍵の衛生に注意すること
　　　　　B　できるだけ鍵の使用を少なくすること
　　　　　C　自分の鍵をしっかり持つこと
　　　　　D　むやみに合鍵を作成してはならないこと

> 放送内容　这段话提醒人们要注意什么?
>
> 和訳　この話によると、我々は何に注意すべきですか？

> 放送内容　第37到38题是根据下面一段话：
> 研究发现，婚姻状况会影响人的体重，人们很可能在结婚后变胖。首先，结婚后，人们将一部分精力放到了家庭中，减少了外出时间；其次，单身时随随便便一碗方便面就当做一餐，而结婚后两人一起做饭一起吃饭，心情好，胃口也就好；另外，为了增进感情，不少夫妇选择共进晚餐，有时要相互等待到晚上九点才吃饭，没有足够的时间消化食物，也会令体重增加。
>
> 和訳　問37～問38までは以下の話から出題されます。
> ある研究によると、結婚というものが体重に影響を与え、人は結婚後太りやすいということを発見しました。まず、結婚すると、できるだけ家で過ごそうとし、外出する時間が減ります。次に、独身の時には自由気ままにインスタントラーメンなどを食べていましたが、結婚後は二人で一緒に食事を作って一緒に食べることで、気分がよくなり、食欲も増すようになるのです。そのほか、愛情を深めるため、多くの夫婦はお互いの帰りを待って一緒に夕食をすることを望み、場合によっては夜9時からの食事ということもありえるのです。そのため、食物を消化吸収する時間が不足し、結果的に体重が増えてしまうということです。

37　正解 [C]

選択肢　A 吃饭时间晚　　　　　B 外出时间减少
　　　　C 缺少时间锻炼　　　　D 两人吃饭胃口好

和　訳　A 遅い食事時間　　　　B 外出時間の減少
　　　　C エクササイズする時間の不足　D 二人でよく食べること

> 放送内容　根据这段话，下列哪项不是人们婚后变胖的原因？
>
> 和訳　この話から結婚後に太る原因にあてはまらない項目は以下のどれですか？

38　正解 [A]

選択肢　A 消化时间短　　　　　B 吃饭晚吃得多
　　　　C 一起吃饭心情好　　　D 一起吃饭胃口好

和　訳　A 消化時間が短いから
　　　　B 遅く食べるのに量が多すぎるから
　　　　C 一緒に食べると気分がよいから
　　　　D 一緒に食べると食欲が増すから

> 放送内容　根据这段话，为什么"共进晚餐"会令体重增加？
>
> 和訳　この話からどうして「一緒に夕食をする」と体重は増えるのですか？

| 放送内容 | 第39到42题是根据下面一段话：
一天，一只螃蟹看见一只蜗牛在地上慢慢地爬着，不禁暗自好笑，说："呵，爬得真快呀！我爬一分钟，足够你爬一天了。"
蜗牛说："你别自夸了，如果咱俩比赛，你不见得能赢！"
螃蟹当然不服，就请青蛙当裁判。前面竖一个标尺当做终点，谁先到终点，就算谁赢。青蛙一吹号子，比赛开始了。蜗牛用力向前爬着，螃蟹也飞快地爬了起来。蜗牛越爬离终点越近，而螃蟹越爬离终点越远。比赛结果，蜗牛获胜。蜗牛说："螃蟹先生，怎么样？我虽然爬得慢，可我一直是向前爬的；你爬的速度虽然很快，却是向侧面横行，横行者怎么能前进呢？"螃蟹低着头，说不出话来。|

| 和訳 | 問39～問42までは以下の話から出題されます。
ある日、カタツムリが1匹、地面をゆっくり這っているを見て、1匹のカニが思わずこっそりと笑い、「ハハハ、進むのが本当に早いね（反語）！ 僕が1分間に進むところを、君は1日かかるだろうね」と言いました。
カタツムリは、「自慢するなよ、もし僕らが競争しても、君が勝つとは限らないよ！」と答えました。
当然カニは不服に思い、カエルに審判を頼み、前方に立てたポールのゴールにどちらが早くたどり着けるか勝負をしました。カエルが笛を吹き、スタートが切られました。カタツムリは前に向かって這っていき、カニは飛ぶように進んでいきました。カタツムリは次第にゴールに近づきましたが、カニは次第にゴールから遠ざかっていきました。結果、勝利したのはカタツムリでした。カタツムリは「カニさん、どう？ 僕は確かに進むのが遅いけれど、ずっと前に進んでいたよ。一方、君は確かにスピードはあるけれど、横に進んでいるんだ。横に進むものがどうして前に進むことができるのか？」と言いました。カニはうなだれて、何も言えませんでした。|

39 正解 [B]

選択肢　A　夸奖
　　　　B　讽刺
　　　　C　劝告
　　　　D　责备

和　訳　A　称賛
　　　　B　皮肉
　　　　C　忠告
　　　　D　非難

| 放送内容 | "呵，爬得真快呀！"螃蟹对蜗牛说这句话时，是什么语气？ |
| 和訳 | 「ハハハ、進むのが本当に早いね！」はどういう口ぶりですか？ |

| 40 | 正　解 [C] |

選択肢　A　自己身体轻
　　　　B　螃蟹爬得慢
　　　　C　很了解螃蟹
　　　　D　螃蟹的脚多

和　訳　A　自分の体が軽いから
　　　　B　カニは這うのが遅いから
　　　　C　カニのことを熟知していたから
　　　　D　カニの脚が多いから

放送内容　蜗牛为什么敢和螃蟹比赛?

和訳　カタツムリはどうしてカニと競争する勇気があったのですか？

| 41 | 正　解 [D] |

選択肢　A　蜗牛
　　　　B　青蛙
　　　　C　蜻蜓
　　　　D　螃蟹

和　訳　A　カタツムリ
　　　　B　カエル
　　　　C　トンボ
　　　　D　カニ

放送内容　是谁请来的裁判?

和訳　審判は誰がお願いしたのですか？

| 42 | 正　解 [C] |

選択肢　A　裁判不公平
　　　　B　对比赛不重视
　　　　C　爬行的方向错了
　　　　D　缺少朋友的支持

和　訳　A　不公平な審判だったから
　　　　B　競争を重要視していなかったから
　　　　C　進む方向を間違えたから
　　　　D　友人の支持が不足していたから

放送内容　螃蟹为什么会输掉比赛?

和訳　カニはなぜ競争に負けたのですか？

放送内容 第43到45题是根据下面一段话：
大家都知道喝水对人的身体很重要，但什么时候喝水呢？最重要的一点是要主动喝水，千万不要等到渴了以后才喝水，因为那时喝水已经晚了，好像花儿已经快死了才浇水一样。

早晨起床以后，要尽快补充足够的水，最好是凉开水。因为经过一夜的睡眠，身体排出了大量的水分，血液变得比较浓，流动也不顺畅，血压容易升高。这时喝水，就能马上补充身体里缺少的水分，吸收起来也快。到了晚上，睡觉前喝点儿水也是很有好处的，可以帮助第二天排便。

当然，也有不该喝水的时候。比如边吃饭边喝水就不好，因为吃饭时，胃里的液体大量产生，要去消化食物，这时喝水，会把胃液冲淡了，影响食物的消化。所以紧靠饭前、饭后的那段时间和吃饭时都不要大量喝水。

和訳 問43～問45までは以下の話から出題されます。
水を飲むことは人の体にとって非常に大切だということは誰もが知っています。しかし、いつ水を飲むのがよいのでしょうか？ 最も重要なのは、積極的に水を飲むということです。喉が渇いた時になって、やっと水を飲むのはあまりよくありません。その時はもう水を飲むには遅すぎて、既に枯れてしまった花に水をやるのと同じようなものだからです。

朝起きた後、すぐに適量の水分をとる必要があります。一番よいのは湯ざましです。一晩の睡眠で大量の水分が体から排出され、血液も比較的濃くて、血液循環もスムーズでなく、血圧もやや高い傾向にあるからです。この時に水を飲めば、体に不足している水分をすぐに補給して吸収も早いのです。また夜、就寝前に少し水を飲むことも、翌日の排便を促すというとても良いメリットがあります。

当然、水を飲むのが望ましくない状況もあります。例えば、食べながら水を飲むことはよくありません。食事中には、胃液が大量に出て食べ物の消化を助けています。もしこの時に水を飲むと、胃液が薄まり、消化不良を起こしやすくなるからです。従って、食前、食後の時間と食事中には水をあまりたくさん飲まないことが望ましいのです。

43 正解 [B]

選択肢　A　喝水的好处
　　　　B　喝水的时间
　　　　C　不喝水的后果
　　　　D　多喝水的重要性

和　訳　A　水を飲むことのメリット
　　　　B　水を飲む時間
　　　　C　水を飲まない場合の結末
　　　　D　多めに水を飲むことの重要性

放送内容 这段话主要说的是什么？

和訳 この話で主に述べていることは何ですか？

| 44 | 正　解 [C] |

選択肢　A　起床以后
　　　　B　睡觉以前
　　　　C　饭前5分钟
　　　　D　工作的时候

和　訳　A　起床後
　　　　B　就寝前
　　　　C　食事の5分前
　　　　D　仕事中

放送内容 根据这段话，下列哪段时间最好不要喝水?

和訳 この話から最も水を飲むのが望ましくない時間帯は以下のどれですか？

| 45 | 正 解 [A] |

選択肢　A　消化食物
　　　　B　吸收水分
　　　　C　帮助睡眠
　　　　D　平衡血压

和　訳　A　食べ物の消化
　　　　B　水分の吸収
　　　　C　安眠
　　　　D　血圧の安定

放送内容　根据这段话，胃液有什么作用?

和訳　この話から胃液はどんな作用がありますか？

放送内容　**听力考试现在结束。**

和訳　**聴解試験はこれで終了です。**

解答用紙 5 級　　第 1 回

1. [A] [B] [C] [D]
2. [A] [B] [C] [D]
3. [A] [B] [C] [D]
4. [A] [B] [C] [D]
5. [A] [B] [C] [D]
6. [A] [B] [C] [D]
7. [A] [B] [C] [D]
8. [A] [B] [C] [D]
9. [A] [B] [C] [D]
10. [A] [B] [C] [D]
11. [A] [B] [C] [D]
12. [A] [B] [C] [D]
13. [A] [B] [C] [D]
14. [A] [B] [C] [D]
15. [A] [B] [C] [D]
16. [A] [B] [C] [D]
17. [A] [B] [C] [D]
18. [A] [B] [C] [D]
19. [A] [B] [C] [D]
20. [A] [B] [C] [D]
21. [A] [B] [C] [D]
22. [A] [B] [C] [D]
23. [A] [B] [C] [D]
24. [A] [B] [C] [D]
25. [A] [B] [C] [D]

26. [A] [B] [C] [D]
27. [A] [B] [C] [D]
28. [A] [B] [C] [D]
29. [A] [B] [C] [D]
30. [A] [B] [C] [D]
31. [A] [B] [C] [D]
32. [A] [B] [C] [D]
33. [A] [B] [C] [D]
34. [A] [B] [C] [D]
35. [A] [B] [C] [D]
36. [A] [B] [C] [D]
37. [A] [B] [C] [D]
38. [A] [B] [C] [D]
39. [A] [B] [C] [D]
40. [A] [B] [C] [D]
41. [A] [B] [C] [D]
42. [A] [B] [C] [D]
43. [A] [B] [C] [D]
44. [A] [B] [C] [D]
45. [A] [B] [C] [D]

解答用紙 5 級　第 2 回

1. [A]　[B]　[C]　[D]
2. [A]　[B]　[C]　[D]
3. [A]　[B]　[C]　[D]
4. [A]　[B]　[C]　[D]
5. [A]　[B]　[C]　[D]
6. [A]　[B]　[C]　[D]
7. [A]　[B]　[C]　[D]
8. [A]　[B]　[C]　[D]
9. [A]　[B]　[C]　[D]
10. [A]　[B]　[C]　[D]
11. [A]　[B]　[C]　[D]
12. [A]　[B]　[C]　[D]
13. [A]　[B]　[C]　[D]
14. [A]　[B]　[C]　[D]
15. [A]　[B]　[C]　[D]
16. [A]　[B]　[C]　[D]
17. [A]　[B]　[C]　[D]
18. [A]　[B]　[C]　[D]
19. [A]　[B]　[C]　[D]
20. [A]　[B]　[C]　[D]
21. [A]　[B]　[C]　[D]
22. [A]　[B]　[C]　[D]
23. [A]　[B]　[C]　[D]
24. [A]　[B]　[C]　[D]
25. [A]　[B]　[C]　[D]
26. [A]　[B]　[C]　[D]
27. [A]　[B]　[C]　[D]
28. [A]　[B]　[C]　[D]
29. [A]　[B]　[C]　[D]
30. [A]　[B]　[C]　[D]
31. [A]　[B]　[C]　[D]
32. [A]　[B]　[C]　[D]
33. [A]　[B]　[C]　[D]
34. [A]　[B]　[C]　[D]
35. [A]　[B]　[C]　[D]
36. [A]　[B]　[C]　[D]
37. [A]　[B]　[C]　[D]
38. [A]　[B]　[C]　[D]
39. [A]　[B]　[C]　[D]
40. [A]　[B]　[C]　[D]
41. [A]　[B]　[C]　[D]
42. [A]　[B]　[C]　[D]
43. [A]　[B]　[C]　[D]
44. [A]　[B]　[C]　[D]
45. [A]　[B]　[C]　[D]

解答用紙 5 級　　第 3 回

1. [A]　[B]　[C]　[D]
2. [A]　[B]　[C]　[D]
3. [A]　[B]　[C]　[D]
4. [A]　[B]　[C]　[D]
5. [A]　[B]　[C]　[D]
6. [A]　[B]　[C]　[D]
7. [A]　[B]　[C]　[D]
8. [A]　[B]　[C]　[D]
9. [A]　[B]　[C]　[D]
10. [A]　[B]　[C]　[D]
11. [A]　[B]　[C]　[D]
12. [A]　[B]　[C]　[D]
13. [A]　[B]　[C]　[D]
14. [A]　[B]　[C]　[D]
15. [A]　[B]　[C]　[D]
16. [A]　[B]　[C]　[D]
17. [A]　[B]　[C]　[D]
18. [A]　[B]　[C]　[D]
19. [A]　[B]　[C]　[D]
20. [A]　[B]　[C]　[D]
21. [A]　[B]　[C]　[D]
22. [A]　[B]　[C]　[D]
23. [A]　[B]　[C]　[D]
24. [A]　[B]　[C]　[D]
25. [A]　[B]　[C]　[D]

26. [A]　[B]　[C]　[D]
27. [A]　[B]　[C]　[D]
28. [A]　[B]　[C]　[D]
29. [A]　[B]　[C]　[D]
30. [A]　[B]　[C]　[D]
31. [A]　[B]　[C]　[D]
32. [A]　[B]　[C]　[D]
33. [A]　[B]　[C]　[D]
34. [A]　[B]　[C]　[D]
35. [A]　[B]　[C]　[D]
36. [A]　[B]　[C]　[D]
37. [A]　[B]　[C]　[D]
38. [A]　[B]　[C]　[D]
39. [A]　[B]　[C]　[D]
40. [A]　[B]　[C]　[D]
41. [A]　[B]　[C]　[D]
42. [A]　[B]　[C]　[D]
43. [A]　[B]　[C]　[D]
44. [A]　[B]　[C]　[D]
45. [A]　[B]　[C]　[D]

解答用紙 5 級　　第 4 回

1. [A]　[B]　[C]　[D]
2. [A]　[B]　[C]　[D]
3. [A]　[B]　[C]　[D]
4. [A]　[B]　[C]　[D]
5. [A]　[B]　[C]　[D]
6. [A]　[B]　[C]　[D]
7. [A]　[B]　[C]　[D]
8. [A]　[B]　[C]　[D]
9. [A]　[B]　[C]　[D]
10. [A]　[B]　[C]　[D]
11. [A]　[B]　[C]　[D]
12. [A]　[B]　[C]　[D]
13. [A]　[B]　[C]　[D]
14. [A]　[B]　[C]　[D]
15. [A]　[B]　[C]　[D]
16. [A]　[B]　[C]　[D]
17. [A]　[B]　[C]　[D]
18. [A]　[B]　[C]　[D]
19. [A]　[B]　[C]　[D]
20. [A]　[B]　[C]　[D]
21. [A]　[B]　[C]　[D]
22. [A]　[B]　[C]　[D]
23. [A]　[B]　[C]　[D]
24. [A]　[B]　[C]　[D]
25. [A]　[B]　[C]　[D]

26. [A]　[B]　[C]　[D]
27. [A]　[B]　[C]　[D]
28. [A]　[B]　[C]　[D]
29. [A]　[B]　[C]　[D]
30. [A]　[B]　[C]　[D]
31. [A]　[B]　[C]　[D]
32. [A]　[B]　[C]　[D]
33. [A]　[B]　[C]　[D]
34. [A]　[B]　[C]　[D]
35. [A]　[B]　[C]　[D]
36. [A]　[B]　[C]　[D]
37. [A]　[B]　[C]　[D]
38. [A]　[B]　[C]　[D]
39. [A]　[B]　[C]　[D]
40. [A]　[B]　[C]　[D]
41. [A]　[B]　[C]　[D]
42. [A]　[B]　[C]　[D]
43. [A]　[B]　[C]　[D]
44. [A]　[B]　[C]　[D]
45. [A]　[B]　[C]　[D]

解答用紙 5 級 第 5 回

1. [A] [B] [C] [D]
2. [A] [B] [C] [D]
3. [A] [B] [C] [D]
4. [A] [B] [C] [D]
5. [A] [B] [C] [D]
6. [A] [B] [C] [D]
7. [A] [B] [C] [D]
8. [A] [B] [C] [D]
9. [A] [B] [C] [D]
10. [A] [B] [C] [D]
11. [A] [B] [C] [D]
12. [A] [B] [C] [D]
13. [A] [B] [C] [D]
14. [A] [B] [C] [D]
15. [A] [B] [C] [D]
16. [A] [B] [C] [D]
17. [A] [B] [C] [D]
18. [A] [B] [C] [D]
19. [A] [B] [C] [D]
20. [A] [B] [C] [D]
21. [A] [B] [C] [D]
22. [A] [B] [C] [D]
23. [A] [B] [C] [D]
24. [A] [B] [C] [D]
25. [A] [B] [C] [D]

26. [A] [B] [C] [D]
27. [A] [B] [C] [D]
28. [A] [B] [C] [D]
29. [A] [B] [C] [D]
30. [A] [B] [C] [D]
31. [A] [B] [C] [D]
32. [A] [B] [C] [D]
33. [A] [B] [C] [D]
34. [A] [B] [C] [D]
35. [A] [B] [C] [D]
36. [A] [B] [C] [D]
37. [A] [B] [C] [D]
38. [A] [B] [C] [D]
39. [A] [B] [C] [D]
40. [A] [B] [C] [D]
41. [A] [B] [C] [D]
42. [A] [B] [C] [D]
43. [A] [B] [C] [D]
44. [A] [B] [C] [D]
45. [A] [B] [C] [D]

<ruby>耳<rt>みみ</rt></ruby>を<ruby>鍛<rt>きた</rt></ruby>えて<ruby>合格<rt>ごうかく</rt></ruby>!
HSK 5<ruby>級<rt>きゅう</rt></ruby>リスニングドリル

2015年3月20日　第1刷発行

編　者	李増吉
発行者	前田俊秀
発行所	株式会社 三修社
	〒150-0001　東京都渋谷区神宮前2-2-22
	TEL03-3405-4511　FAX03-3405-4522
	http://www.sanshusha.co.jp
	振替 00190-9-7275
	編集担当　安田美佳子
印　　刷	壮光舎印刷株式会社
CD 製作	株式会社メディアスタイリスト

Ⓒ 2015 Printed in Japan
ISBN978-4-384-05768-3 C1087

Ⓡ ＜日本複製権センター委託出版物＞
本書を無断で複写複製（コピー）することは、著作権法上の例外を除き、禁じられています。
本書をコピーされる場合は、事前に日本複製権センター（JRRC）の許諾を受けてください。
JRRC http://www.jrrc.or.jp
e メール：info@jrrc.or.jp
電話：03-3401-2382

本文・カバーデザイン：（有）ウィッチクラフト
翻訳：（株）ファイネックス